THOMAS MERTON

Dados Internacionais de Catalogação na Publicação (CIP)
(Câmara Brasileira do Livro, SP, Brasil)

Thomas Merton: a clausura no centro do mundo / Maria Clara Bingemer, (org.). – Petrópolis, RJ : Vozes ; Rio de Janeiro : Editora PUC, 2018.

Vários autores.
Bibliografia.

1ª reimpressão, 2018.

ISBN 978-85-326-5957-6

1. Merton, Thomas, 1915-1968 2. Trapistas – Estados Unidos – Biografia I. Bingemer, Maria Clara.

18-19979   CDD-922.2

Índices para catálogo sistemático:
1. Thomas Merton : Biografia   922.2

Cibele Maria Dias – Bibliotecária – CRB-8/9427

MARIA CLARA BINGEMER (ORG.)

THOMAS MERTON
A CLAUSURA NO CENTRO DO MUNDO

Petrópolis

© 2018, Editora Vozes Ltda.
Rua Frei Luís, 100
25689-900 Petrópolis, RJ
www.vozes.com.br
Brasil

Todos os direitos reservados. Nenhuma parte desta obra poderá ser reproduzida ou transmitida por qualquer forma e/ou quaisquer meios (eletrônico ou mecânico, incluindo fotocópia e gravação) ou arquivada em qualquer sistema ou banco de dados sem permissão escrita da editora.

CONSELHO EDITORIAL

Diretor
Gilberto Gonçalves Garcia

Editores
Aline dos Santos Carneiro
Edrian Josué Pasini
Marilac Loraine Oleniki
Welder Lancieri Marchini

Conselheiros
Francisco Morás
Ludovico Garmus
Teobaldo Heidemann
Volney J. Berkenbrock

Secretário executivo
João Batista Kreuch

© Editora PUC-Rio
Rua Marquês de S. Vicente, 225
Casa da Editora PUC-Rio /
Projeto Comunicar
Gávea
22451-900 Rio de Janeiro, RJ
Tel.: (21) 3527-1838/1760
Site: www.puc-rio.br/editorapucrio
Editorial: edpucrio@puc-rio.br

Reitor
Pe. Josafá Carlos de Siqueira, S.J.

Vice-reitor
Pe. Álvaro Mendonça Pimentel, S.J.

Vice-reitor para Assuntos Acadêmicos
Prof. José Ricardo Bergmann

Vice-reitor para Assuntos Administrativos
Prof. Luiz Carlos Scavarda do Carmo

Vice-reitor para Assuntos Comunitários
Prof. Augusto Luiz Duarte Lopes Sampaio

Vice-reitor para Assuntos de Desenvolvimento
Prof. Sergio Bruni

Decanos
Prof. Júlio Cesar Valladão Diniz (CTCH)
Prof. Luiz Roberto A. Cunha (CCS)
Prof. Luiz Alencar Reis da Silva Mello (CTC)
Prof. Hilton Augusto Koch (CCBM)

Conselho Gestor Editora PUC-Rio
Augusto Sampaio, Danilo Marcondes, Felipe Gomberg, Hilton Augusto Koch, José Ricardo Bergmann, Júlio Diniz, Luiz Alencar Reis da Silva Mello, Luiz Roberto Cunha, Miguel Pereira e Sergio Bruni.

Revisão de originais: José Diógenes Dias Gonçalves
Editoração: Ana Lucia Q.M. Carvalho
Diagramação: Sheilandre Desenv. Gráfico
Revisão gráfica: Alessandra Karl
Capa: Renan Rivero
Foto de capa: Fotografia de Thomas Merton, de John Howard Griffin, usada com permissão do Merton Legacy Trust e do Thomas Merton Center da Bellarmine University.

ISBN 978-85-326-5957-6 (Vozes)
ISBN 978-85-8006-256-4 (PUC-Rio)

Editado conforme o novo acordo ortográfico.

Este livro foi composto e impresso pela Editora Vozes Ltda.

Sumário

Apresentação – "Quando a clausura é o mundo", 7
Maria Clara Bingemer (org.)

Cronologia da vida de Thomas Merton, 11

Um itinerário de vida de ação e contemplação, 15
Francilaide de Queiroz Ronsi

O legado radical de Thomas Merton, 45
Robert Inchausti

Thomas Merton e uma parceria fascinante com os Padres da Igreja, 63
Scott D. Moringiello

Thomas Merton e os sentidos e percursos da contemplação, 77
Sibélius Cefas Pereira

Tapeçarias: a escrita de si nos diários mertonianos, 103
Marcelo Timotheo da Costa

Thomas Merton e o budismo, 115
Pe. James Wiseman

Thomas Merton e o desafio do celibato, 139
Pe. James Wiseman

Notas, 161

Apresentação

"Quando a clausura é o mundo"

Maria Clara Bingemer (org.) *

Thomas Merton é, certamente, um dos místicos mais importantes do século XX. Sua vocação se dá em meio ao auge da secularidade e dos problemas vários que fizeram o século passado ser chamado "o século sem Deus", atravessado que foi por: duas guerras mundiais, o maior genocídio da história, a Guerra Fria e a ameaça nuclear.

Graças à sua habilidade de escritor e à sua sensibilidade *ad extra* – ou seja, para além do claustro e dos muros do convento –, temos hoje publicados e à disposição do público os tesouros de profundidade e genialidade literária deste grande monge e místico. No claustro, Merton foi autorizado a escrever. Sua primeira obra publicada, a precoce autobiografia *A montanha dos sete patamares* (1948), alcançou sucesso de crítica e público. Muitos outros livros viriam depois disso. Neles, além da teologia e espiritualidade católica romana, o monge tratou de diversas questões de apelo junto à cada vez mais plural sociedade contemporânea: direitos civis e segregação racial, não violência, pacifismo e o risco de uma hecatombe nuclear, despertar da consciência ecológica no planeta, diálogo ecumênico e as relações entre culturas ocidentais e orientais.

---

* Professora do Departamento de Teologia da Pontifícia Universidade Católica do Rio de Janeiro (PUC-Rio). Doutora em Teologia Sistemática pela Pontifícia Universidade Gregoriana (Roma).

Em seus escritos, reconhecemos muito claramente sua adesão ao verdadeiro humanismo, do primado do ser humano sobre a tecnologia, e da compaixão sobre a violência. Por isso mesmo é que, no seu testamento espiritual, a chave da liberdade interior que a vida monástica pode e deve trazer ao mundo é a libertação de cada ser humano, em face de sua crescente opressão pelas estruturas. Sem elas, não há vida social possível. Uma vida interior profunda é a base de toda vida exterior fecunda.

Certamente, sua grande iluminação na esquina de Louisville, verdadeira "epifania", como consta em suas próprias palavras, explica esse voltar-se para o mundo, à terra, à criação, que sempre marcou seu estilo monástico de ser e viver.

Merton é alguém que descobriu a sacralidade da vida e a presença de Deus em todas as criaturas, as quais merecem, portanto, cuidado e veneração ou, numa palavra: compaixão. É este sentimento que implica cuidado responsável pelo outro, em seu abandono, pobreza e exclusão. Assim, a compaixão corrige e equilibra a mística: o encontro com Deus não se dá unicamente na interioridade fechada, mas na exterioridade face a face com o outro. Merton é alguém que viveu isso como poucos no século XX.

O dia 18 de março de 1958 marca o aniversário da "epifania" de Thomas Merton, na esquina das ruas Fourth com Walnut, em Louisville, Kentucky (EUA).

> Em Louisville, em uma esquina de Fourth e Walnut, no centro comercial da cidade, fui subitamente tomado pela consciência de que eu amava todas aquelas pessoas, que eram minhas e eu era delas, que não poderíamos ser estranhos uns aos outros embora fôssemos totalmente desconhecidos [...]. Tenho a imensa alegria de ser humano, de pertencer a uma espécie na qual o próprio Deus se encarnou. Como se os pesares e a estupidez da condição humana pudessem me esmagar agora que percebo o que todos nós somos. Ah, se todo mundo pudesse dar-se conta disto! Mas

isto não pode ser explicado. Não há como dizer às pessoas que todas elas andam pelo mundo brilhando como o sol![1]

Esse amor pela humanidade, aliado a uma sede pela contemplação de Deus no claustro, fez com que Merton fosse uma figura das mais notáveis quando se pensa no futuro da fé e da religião no mundo de hoje. Sua notabilidade foi inclusive reconhecida pelo próprio Papa Francisco em discurso ao Congresso estadunidense, quando de sua visita ao país em 2015. Assim se refere a ele, o papa em seu discurso:

> Um século atrás, no início da I Grande Guerra que o Papa Bento XV definiu "massacre inútil", nascia outro americano extraordinário: o monge cisterciense Thomas Merton. Ele continua a ser uma fonte de inspiração espiritual e um guia para muitas pessoas. Na sua autobiografia, deixou escrito: "Vim ao mundo livre por natureza, imagem de Deus; mas eu era prisioneiro da minha própria violência e do meu egoísmo, à imagem do mundo onde nascera. Aquele mundo era o retrato do Inferno, cheio de homens como eu, que amam a Deus e, contudo, odeiam-no; nascidos para o amar, mas vivem no medo de desejos desesperados e contraditórios". Merton era, acima de tudo, homem de oração, um pensador que desafiou as certezas do seu tempo e abriu novos horizontes para as almas e para a Igreja. Foi também homem de diálogo, um promotor de paz entre povos e religiões.

Fruto do colóquio em homenagem ao centenário de Thomas Merton, organizado pela Cátedra Carlo Maria Martini, este livro reúne pesquisadores e pensadores brasileiros e estadunidenses que trazem várias facetas dessa personalidade extraordinária.

Começando por uma análise biográfica e teológica de Merton, os textos de Francilaide de Queiroz Ronsi e Robert Inchausti expõem seu legado. Scott Moringiello apresenta um estudo comparativo do monge com os Padres da Igreja. Sibélius Cefas Pereira, que defendeu uma tese doutoral sobre Merton, é responsável por um capítulo fundamental sobre sua mística. Com uma nova perspectiva, o historiador Marcelo Timotheo da Costa analisa o Merton escritor. Finalmente, o monge beneditino James Wiseman traz dois textos de extrema importância para os estudos mertonianos: um é sobre a relação de Merton com o budismo, mostrando sua intuição pioneira para um diálogo entre o monaquismo ocidental e o oriental; o outro versa sobre a experiência de amor humano que Thomas Merton, monge celibatário, teve com uma mulher mais jovem, e como isso repercutiu em sua vocação.

Acreditamos que trazemos para os leitores uma importante contribuição no conhecimento daquele que é, sem dúvida, uma das figuras mais luminosas de nossa época.

Cronologia da vida de
Thomas Merton

1915 – 31 de janeiro: nasce em Prades. Seus pais chamavam-se Owen Merton e Ruth Jenkins.

1916 – A família Merton muda-se para os Estados Unidos, e vive em Douglaston, com os pais de Ruth, Samuel e Martha Jenkins.

1917 – A família Merton se instala em uma casa de sua propriedade em Nova York.

1918 – 2 de novembro: nasce John Paul, seu irmão.

1921 – Ruth Jenkins morre de câncer.

1922-1923 – Viagens com o pai.

1925 – Com seu pai, passa a morar na cidade francesa St. Antonin.

1926 – Ingressa no Instituto de Montauban, França.

1929 – Ingressa em Oakham School.

1931 – Depois de uma longa enfermidade, seu pai morre por causa de um tumor cerebral.

1933 – 1º de fevereiro: finalizados os seus estudos em Oakham, Thomas Merton viaja para a Itália. Em outubro volta para a Inglaterra, para começar os estudos universitários no Clare College, Cambridge University.

1935 – Ingressa em Columbia University.

1938 – É graduado em Columbia. Em 16 de novembro, é batizado por Fr. Joseph C. Moore.

1939 – É crismado pelo Bispo Stephen J. Donahue e recebe nome de James.

1940 – Leciona durante um semestre na Columbia Extension School. Verão: manifesta certos escrúpulos sobre seu passado ao superior dos franciscanos, que lhe sugere que retire seu pedido de ingresso. Setembro: aceita ser professor em St. Bonaventure College.

1941 – Está profundamente animado para passar a Semana Santa em Gethsemani. Solicita seu ingresso na abadia, na qual ingressa no dia 10 de dezembro.

1942 – 21 de fevereiro: é recebido no noviciado e recebe um novo nome religioso: Irmão Louis. John Paul Merton é batizado na Igreja paroquial de New Haven, Kentucky, e recebe a Primeira Comunhão na Abadia de Gethsemani.

1943 – Abril: John Paul morre em uma ação de guerra.

1944 – Faz sua profissão de votos temporais.

1947 – 19 de março: faz seus votos solenes. Profissão monástica por toda a vida na Ordem Cisterciense.

1949 – 25 de maio: ordenação sacerdotal. Novembro: começa a lecionar no noviciado da abadia.

1951 – Junho: é nomeado mestre de jovens professos. 26 de junho: é concedida sua cidadania norte-americana.

1953 – Recebe permissão para morar em um eremitério no bosque da abadia.

1955 – É nomeado mestre de noviços.

1960 – Novembro: é construída a casa de retiros, que será seu eremitério.

1964 – Junho: visita D.T. Suzuki, em Nova York. Novembro: Encontro em Gethsemani com líderes de movimentos pacifistas.

1965 – Agosto: faz-se ermitão, vivendo nas terras da abadia.

1966 – Abril: é internado no hospital de Louisville para um procedimento cirúrgico. Tem início sua relação amorosa com a enfermeira.

1967 – Dezembro: encontro em Gethsemani com representantes de ordens contemplativas femininas.

1968 – Outubro: viaja ao Alaska, Califórnia e Ásia. Dezembro: morre por acidente em Bancoc.

Um itinerário de vida de ação e contemplação

Francilaide de Queiroz Ronsi*

O itinerário de uma vida

Filho de um casal de artistas. Seu pai era pintor e sua mãe bailarina. Merton, cujo verdadeiro nome é Tom Faverel Merton, nasceu em uma pequena cidade, Prades, na França, no dia 31 de janeiro de 1915. Herdou de seu pai a sensibilidade para a beleza da natureza em todas as suas formas e mistérios. O impulso de perfeição e insatisfação, que o leva a chegar ao mais profundo das coisas e de si mesmo, talvez tenha vindo da mãe. Possivelmente foi herança, também de sua mãe, o costume de escrever diários. Desde criança, sua mãe escrevia um minucioso registro de acompanhamento, anotando as etapas e descobertas do seu desenvolvimento[2].

Por causa dos registros de sua mãe, sabemos os fatos de sua infância, e depois ele próprio daria continuidade ao escrever seus diários, crônicas de sua vida exterior e interior, nos quais nos comunicou as reflexões mais profundas de seu cotidiano. Isto nos permite

---

* Professora da Faculdade de São Bento do Rio de Janeiro, na graduação em Teologia e na pós-graduação em Ciências da Religião. Doutora em Teologia Sistemática pela Pontifícia Universidade Católica do Rio de Janeiro (PUC-Rio).

seguir seu itinerário humano e espiritual, revelando-nos a diversidade de facetas que integram sua personalidade.

A partir da liberdade que possui para escrever, torna-se difícil ler sua obra sem encontrar o próprio Merton. O material que tem em suas mãos para aprender o humano e o divino é sua própria vida. Nesse percurso, é possível descobrir alguns aspectos e atitudes da pessoa que ele se tornara.

Quando tinha 6 anos, sua mãe morreu. Com seu pai, iniciou uma série de mudanças de residências que o fizeram, em pouco tempo, conhecer experiências educativas diferentes, na França e na Inglaterra. Até que não pôde mais continuar instável, por causa dos estudos[3].

Aos 16 anos, ficou órfão ao morrer seu pai, em Londres. A notícia da morte do pai deixou-o triste por vários meses. Passada a dor, assume sua vida com uma liberdade própria do século XX[4]. Estava destinado a viver como um autêntico cidadão do seu século.

De férias, quando estudava na Escola Secundária de Oakham, decidiu ser comunista, mesmo não sabendo o que isso significava[5]. Na volta à escola participou de manifestos comunistas e se sentiu um grande rebelde. Em seguida, depois de se graduar e ter sido aprovado com êxito nos exames para aluno bolsista da Universidade de Cambridge, ganhou de seu tio, seu tutor, como presente de aniversário, uma viagem pela Europa[6].

Merton já havia estado anteriormente em Roma e queria descobrir algo novo e diferente do que já havia visitado. Impressionam-lhe muito as ruínas e os restos históricos. Visitou várias igrejas e museus, ficou fascinado pelos mosaicos bizantinos e se converteu em um peregrino que buscava a instrução por meio daqueles altares, mosaicos e santuários. Até que passou a visitar esses lugares não só pela sua arte, mas pela paz que o ambiente lhe dava e pela descoberta de Cristo[7].

Ele confessa em seu diário:

> E pela primeira vez na vida comecei a descobrir alguma coisa daquela pessoa que muitos chamavam de Cristo. Foi um conhecimento obscuro, mas verdadeiro, e em certo

sentido, mais verdadeiro do que supus e mais verdadeiro do que eu admitiria. Foi em Roma que se formou minha concepção de Cristo[8].

O que poderia ter sido uma conversão, ficou enterrado sob as cinzas da vida que leva em seu primeiro ano em Cambridge. Os amigos que o acompanharam desde Oakham dizem que Merton parecia outra pessoa, completamente diferente da que conheceram na escola. Logo se separa deles, segue outro caminho conforme indica: "depois de haver conhecido umas duzentas pessoas diferentes, lancei-me na multidão que gravitava no polo oposto da vida de Cambridge"[9].

Merton foi obrigado por seu tutor a voltar para morar com seus avós maternos nos Estados Unidos. No final do ano de 1934, abandonou a Europa[10]. Em 1935, nos Estados Unidos, estudando na Universidade de Columbia, colaborou em diversas publicações internas e escreveu sua dissertação, requerida para alcançar o título de mestre, sobre a arte e a natureza em William Blake[11].

Em 1938, começando seus estudos para o doutorado, interessou-se pela obra do poeta Gerard Manley Hopinks, SJ. Por própria decisão, depois de um período juvenil inquieto, foi batizado na Igreja Católica[12].

Por mais de um decênio após aquela noite romana, ao sair da adolescência, a experiência da mocidade, desvanecedora de todas as ilusões com o mundo moderno, bem como o seu pouco tempo no comunismo, pensou Merton em entrar para os franciscanos[13]. Mas ainda achou pouco. Alma de extremos como era, buscou uma solução mais radical. A mais exigente quanto à renúncia ao mundo: a trapa, o silêncio e o isolamento. Entrou, em 1941, no Mosteiro de Gethsemani, Kentucky[14].

Seu período monástico compreende várias etapas notadamente diferenciadas: noviciado (1942-1944), primeiros votos até a ordenação sacerdotal (1944-1949), mestre de escolásticos (1951-1955), mestre de noviços (1955-1966) e finalmente a etapa de ermitão (1966-1968) e de monaquismo universal (1968). Dez anos depois do ingresso na abadia adota a cidadania norte-americana.

Pouco depois de concluir seu período de formação monástica, começou a escrever. Primeiro, sobre temas de espiritualidade monástica e contemplativa. É sua primeira etapa, em que se desenvolve o sentido da vida contemplativa e monástica, expressa por uma linguagem nova e marcante, sincera e, em alguns momentos, crítica.

Em uma segunda etapa, vive o paradoxo na busca maior pela solidão, sente-se mais comprometido com os problemas mundiais: a paz, a violência, a guerra, os direitos humanos, a descrença, a contribuição do Oriente às formas de vida ocidentais, o papel da ciência e da tecnologia no mundo contemporâneo.

Em uma etapa mais adiante, alarga os horizontes a outras culturas e religiões. O livro mais significativo de sua viagem ao Oriente, e até ao seu próprio interior cristão e universal, foi seu último livro, que não viu publicado: *Diário da Ásia*.

Em 1965 lhe é concedida a permissão, longamente esperada, para viver como ermitão, nas proximidades da abadia[15]. Três anos mais tarde, em 1968, é convidado para viajar em busca de novos lugares para futuros eremitérios e viaja para o Novo México, Califórnia e Alaska, antes de viajar por vários lugares da Ásia para encontros com monges beneditinos e cistercienses em Bancoc[16]. Ali morre de forma acidental, eletrocutado por um ventilador.

Não nos é possível pensar no místico Merton separando-o de sua produção escrita. Há uma tensão contínua entre sua lealdade ao papel de monge e ao de escritor que reflete os conflitos durante boa parte de sua vida, até assumir por completo que seus escritos constituem uma forma lícita de oração, um modo muito íntimo de comunicação pessoal e de comunhão universal, uma opção livre, embora uma expressão rigorosa de obediência.

A história de uma vocação

Em um determinado momento, concluindo seu doutorado, Merton percebe que não só tinha o conhecimento intelectual sobre Deus, como também passara a desejá-lo. Precisava, no entanto, reconhecer que o intelecto é independente do seu desejo, pois todas as suas contradições estavam sendo resolvidas no nível do conhecimento. Sem deixar-se envolver por inteiro, estava preso em si mesmo. "A única resposta ao problema é a graça, só a graça, a docilidade à graça. Eu ainda estava na precária posição de ser meu próprio guia e meu próprio intérprete da graça. É de admirar que tenha chegado ao porto!"[17]

Então, tomado por um desejo tão forte de ser batizado, saiu à procura de um padre e disse: "Quero tornar-me católico"[18]. Foi então orientado pelo padre, por dois meses, nos estudos sobre a doutrina católica. E é desejando que se realize logo seu batismo, que surge o pensamento de ser sacerdote[19].

Após o batismo, não consegue viver o que tanto lhe animara, e colocando o desejo de ser padre de lado, segue sua vida rotineira. O que estava acontecendo era que se julgava convertido a partir de seu intelecto. Acreditava em Deus e nos ensinamentos da Igreja, e até se achava um cristão zeloso.

> Eu ia à missa não só aos domingos, mas às vezes durante a semana. Nunca fiquei longe dos sacramentos; eu me confessava e comungava se não toda semana, pelo menos a cada quinze dias. Lia muitas coisas que podiam ser chamadas "espirituais", mas não lia espiritualmente[20].

Precisava reconhecer que a conversão do intelecto não bastava, enquanto sua vontade não fosse totalmente de Deus. O solo que agora pisava depois de seu batismo requeria dele uma mudança interior e não apenas o cumprimento de obrigações católicas. Mas ele seguia sua vida sem perceber o convite que recebera na pia batismal. "Era estranho que eu não tenha percebido logo o quanto isso significava e chegado a compreender que era somente para Deus que eu devia viver. Deus devia ser o centro de minha vida e de tudo o que eu fazia"[21].

Anos depois, de forma surpreendente, confessa: "Vou ser sacerdote!"[22] Foi claro e preciso, ficou certo o que realmente queria, e estava em suas mãos a possibilidade desse desejo tornar-se realidade. Ele procura os franciscanos e, como não havia nenhum impedimento, fica decidido que sua entrada no noviciado seria no ano seguinte[23].

Ele não esperava que fosse rejeitado pela Ordem dos Franciscanos, e isso aconteceu[24]. E então começa a duvidar de sua vocação para a vida religiosa. "A única coisa que sabia, além da enorme aflição em que estava mergulhado, era que não devia mais pensar que tinha vocação para o claustro"[25]. Mesmo assim, a ideia de despedir-se do mundo secular não o abandona. Conforma-se provisoriamente com o emprego de professor na Universidade Franciscana de São Boaventura, em Olean, uma cidade localizada a sudoeste de Nova York[26]. Data dessa época o diário que publicaria mais tarde com o título *Diário secular*[27].

No ano de 1941, na semana santa, resolve fazer retiro em um mosteiro trapista. Sem compreender e deixando-se envolver, sentiu: "meu coração expandiu-se em alegria antecipada"[28], apenas em saber que seria possível ser aceito o seu pedido.

Aproximava-se a semana do seu retiro no mosteiro trapista. E antes de ir faz uma pesquisa sobre os trapistas e descobre que são cistercienses[29]. Tudo o que lê move seu coração, "o pensamento desses mosteiros, daqueles coros remotos, daquelas celas, eremitérios e claustros, daqueles homens com seus capuzes, dos pobres monges, daqueles homens que voluntariamente se fizeram nada, tudo isso abalou meu coração"[30].

Seu coração foi invadido por um ardente desejo pela vida monástica, mas ali estava sempre sua razão lembrando-o de que não tinha vocação. E envolto pelo desejo de ser monge e pelo medo de não ter vocação, parte para o Mosteiro de Gethsemani.

Quando chega, um irmão lhe abre a porta: "eu entrei e a porta fechou silenciosa atrás de mim. Eu estava fora do mundo"[31]. Uma pergunta do monge deixou-o apavorado: "Veio para ficar?" Meio sem jeito, respondeu que não[32]. Seu coração ficou mergulhado no silêncio e na paz que envolvia a casa. "O silêncio era um abraço! Eu acabara de entrar na solidão de fortaleza inexpugnável. E o silêncio que me envolvia também me falava, e falava mais alto e mais eloquente do que outra voz qualquer"[33].

Durante o retiro em Gethsemani, Merton se impressiona com a prática da vida contemplativa: observa-a nos mínimos detalhes, lê tudo o que é possível sobre a Ordem e, à medida que passam os dias, aumenta a certeza de que a Trapa é o seu destino[34].

De volta para São Boaventura, entrega-se à leitura das vidas de Joana D'Arc, São João Bosco, São Bento e dos sermões de São João da Cruz. Merton identifica-se cada vez mais com a posição espiritual deste último. A qualidade das poesias de São João da Cruz fascinou Merton. Não é difícil, por isso, imaginarmos sua alegria ao encontrar uma "alma irmã" como a do santo espanhol. Principalmente porque, sendo também um rebelde, um inconformista (chegou a ser preso), ele acreditava no primado da beleza e no da purificação da vida monástica como a única via legítima para chegar a Deus[35].

Não tem mais dúvida: quer ser um monge trapista, quer despir-se o mais rápido possível do mundo e mergulhar naquele majestoso silêncio. É então que surge em São Boaventura alguém que seria uma das pessoas mais importantes da sua vida: Catarina Doherty, a baronesa de Hueck, uma refugiada russa que se dedica integralmente a ajudar os favelados do Harlem, e que para tal fundara a "Friendship House"[36].

A ideia de trabalhar no Harlem entusiasma Merton e ele não perde tempo: faz uma visita à "Friendship House" e a ela volta muitas vezes. Escreve muitas cartas à baronesa, chegando mesmo a sentir-se tentado a morar naquela comunidade[37]. As questões relacionadas à discriminação racial, despertadas pela baronesa, acompanhariam Merton até o fim da vida.

No entanto, depois de terminada a leitura de um pequeno livro sobre a vida cisterciense que trouxera de Gethsemani, conversa longamente com Frei Philoteus, que lhe pergunta: "Por que fazer-se trapista? Merton o fixa nos olhos com firmeza e diz: "Porque quero dar tudo a Deus!"[38]

"Entre os quatro muros da minha nova liberdade"

Merton escreve ao abade de Gethsemani e prepara-se para ingressar no mosteiro. Chega o dia da sua viagem e a alegria o acompanha em todo o trajeto. Quando chega, o irmão lhe abre a porta e pergunta: "Desta vez veio para ficar? E agora, tomado por uma alegre certeza, responde: Sim"[39]. Quando ele entra no mosteiro diz: "O Irmão Matthew fechou a porta atrás de mim e me encontrei fechado entre os quatro muros de minha nova liberdade"[40].

Ele sente que a longa peregrinação terminara e que é chegado o momento da união mística com sua casa. Era 10 de dezembro de 1941. Era o tempo do Advento. Ele era postulante e se preparava para o noviciado. Adquiriu um novo nome: Frei Louis. Havia encontrado sua "casa", estava feliz com o caminho percorrido e por descobrir qual era o seu lugar no mundo. Segundo ele, "somos chamados por Deus para participar da sua vida e do seu reino. Cada um é chamado a ocupar no reino um lugar especial; se encontramos esse lugar, seremos felizes"[41]. Sem, no entanto, descuidar de que a vocação do ser humano não consiste em apenas ser, e sim em trabalhar em união com Deus na criação de sua própria vida, sua identidade, seu destino.

O lugar em que Merton se encontra o convida a sair de si para encontrar quem ele procura, pois "se somos chamados a um lugar em que Deus deseja fazer-nos o maior bem, somos chamados onde melhor podemos deixar-nos para achá-lo"[42]. Ele vai descobrindo que as experiências vividas tinham sido sinais da presença de Deus em sua vida. Ele descobre não ser possível se recordar de Deus, e sim que Ele pode ser descoberto, pois é certo que "Conhecemo-lo porque Ele nos conhece. Conhecemo-lo quando descobrimos que nos conhece. Nosso conhecimento de Deus é o efeito do seu conhecimento de nós. É sempre a experiência de uma nova maravilha, que Ele se lembre de nós"[43].

O que Merton procurava era uma proporção harmônica entre ação e contemplação. Sua entrada no Gethsemani não deve ser vista como uma ruptura drástica com o mundo exterior nem como um ódio a este mundo, e muito menos como uma fuga.

> A minha alma não se descobre senão quando age. Ela deve, pois, agir. A estagnação e a inatividade trazem a morte es-

piritual. Mas a minha alma não deve projetar-se inteiramente nos efeitos externos da sua atividade. Não preciso ver-me a mim mesmo, eu só preciso ser quem sou[44].

Para ele não existia primazia da contemplação sobre a ação e nem desta sobre aquela: sua vida mostra isso de maneira clara e irrefutável. Para Merton, a vida contemplativa pode significar tudo, menos alienação. Para melhor contemplar o mundo, ele se afastou dele, como se sua nitidez só fosse obtida à distância. Na manhã do dia em que professou seus votos solenes, reconheceu que não lhe importava saber o que era ser contemplativo, o que era sua vocação e nem o que era a vocação cisterciense. Assim, ele escreveu:

> Naquela manhã, quando estava estirado com o rosto no chão no meio da Igreja, com o reverendo abade rezando sobre minha cabeça, comecei a rir com boca no pó, porque sem saber como e por que eu havia feito a coisa certa e mesmo uma coisa surpreendente. Mas o surpreendente não era o meu trabalho, mas o trabalho que Vós realizastes em mim[45].

A gratidão de Merton a Deus, por seu cuidado com sua vida, está também refletida no que para ele significa sua ordenação: "Ninguém é ordenado sacerdote exclusivamente para si; meu sacerdócio me faz pertencer não somente a Deus, mas a todos os homens"[46]. Ele havia, enfim, encontrado seu lugar, aprendera a esperar e a dar tudo a Deus. Tinha reconhecido que o caminho percorrido, por vezes tão longo e doloroso, o conduziu, a ele, artista, diletante delicado, poeta, homem do mundo, para os tabernáculos da contemplação, do silêncio e da solidão em Deus; e para sua surpresa, para o mundo também.

Um monge, escritor e poeta para o mundo

Em um dos seus diários, ele havia escrito que desejava a total solidão, queria o anonimato. No entanto, seu abade lhe pediu que escrevesse livros que ajudassem a levar as pessoas ao amor de Deus e à contemplação[47].

Na primeira etapa de sua vida, como escritor no mosteiro, ele escreve sobre a vida espiritual e seus temas fundamentais, sobre mística e contemplação e sobre diversos aspectos da vida monástica, de um modo novo e perfeitamente acessível aos seus leitores, cada vez mais numerosos[48].

Ele, que sofrera tanto com a sua identidade de escritor e poeta, e que desejava uma vida de contemplação, precisou de muita fé e generosidade para ser obediente. Não que lhe fosse difícil escrever, mas seu desejo era a solidão. Merton foi aprendendo que:

> em todos os acontecimentos, meu único desejo e minha alegria devem ser: aqui está o que Deus quis para mim. Nisso é que encontro o seu amor, e aceitando o que Ele me envia é que posso dar-lhe de volta esse amor e a mim mesmo, inteiramente. Pois ao dar-me a Ele encontrá-lo-ei e Ele é vida eterna[49].

Teve que romper os fortes muros de seu coração e cortar os nós de seu egoísmo, que o atavam; teve que atravessar a mera temporalidade e a inautenticidade para empreender este caminho. O caminho de todo aquele que quer ser monge é ser verdadeiramente humano. Ele chegou à conclusão de que para pertencer a Deus deve pertencer a si mesmo, e para isso tem que estar "só", ao menos internamente. Não podia pertencer a nada senão a Deus, e se sentia livre.

> Tenho que aprender a "largar-me" para poder me encontrar, entregando-me ao amor de Deus. Se eu estivesse à procura de Deus, cada acontecimento e cada momento haveriam de plantar em minha vontade sementes de sua vida que um dia dariam maravilhosa colheita[50].

Obteve do abade a permissão para tratar, em seus livros e em vários artigos, de assuntos mais candentes do mundo contemporâneo. Foi um formador de opinião, não só escrevendo, mas também quando realizava conferências. Denunciou como obscena e imoral a fabricação e o uso de armas atômicas e inspirou os maiores grupos promotores da paz e da justiça. Para ele, seria uma blasfêmia falar sobre Deus e silenciar diante da guerra do Vietnã[51]. Foi um dos poucos padres que se manifestou contra a guerra. Quando escreveu um artigo, "Loucura da guerra"[52], causou grandes controvérsias no ambiente católico, levando-o a fazer uma reflexão contra as estruturas da Igreja que se revelavam através das ordens religiosas:

De certo modo penso que a posição da Ordem é de fato irrealista e absurda. Que numa época como esta ninguém na Ordem deva parecer estar preocupado com as realidades da situação mundial de um modo prático – que os monges em geral, inclusive os beneditinos que podem falar abertamente, estejam imersos em questiúnculas de erudição sobre escritores e textos medievais de importância menor até para eruditos, isso durante a maior crise moral da história humana: isso me soa incompreensível[53].

Suas afirmações sobre quem é o monge e a vida monástica, a autêntica solidão e contemplação, o que deve ser a "experiência interna" de um cristão, e sua visão de mundo, explicam que tenha chegado a ser um dos autores mais apreciados por fiéis cristãos de diferentes denominações e inclusive por inúmeros seguidores de outras religiões.

Para Merton, a relação com Deus acontece a partir da realidade humana. Seu diálogo com outras religiões e principalmente com as místicas judaica, budista, hinduísta e com o islã, realizando pontes entre elas, se dava, dentre outros motivos, por entender que Deus nos fala por meio dos acontecimentos no mundo e que os sinais de crise devem ser interpretados pelos homens de religião.

Fascinavam Merton, no misticismo oriental, os conceitos sobre a renúncia e sobre a compaixão. Tinham sido esses "sinais" que o guiaram até Gethsemani e, por conseguinte, à vida contemplativa. Ele vê que o Evangelho e Chuang-tzu dizem a mesma coisa: a perda da vida é a única maneira de salvá-la, e procurar salvá-la por motivos pessoais significa perdê-la[54].

Seu desejo de unidade, embora se aproximasse das decisões tomadas pelo Concílio Vaticano II, revela-se, porém, mais profundo que regras de atualização e reforma originárias de Roma. Para ele, "as diferenças doutrinárias devem ser conservadas, mas elas não invalidam uma qualidade muito real de semelhança existencial"[55]. As diferenças doutrinárias possibilitam as semelhanças na esfera da experiência religiosa, em um diálogo que não significa "fusão nem confusão", mas cooperação, no aprofundamento do próprio compromisso de fé.

A partir deste diálogo em profundidade com as tradições religiosas orientais, se confirma em Merton "uma oportunidade maravilhosa" de aprofundamento das potencialidades e virtualidades existentes nestas tradições[56], possibilitando uma ampliação de seus horizontes.

Desde a época em que conheceu o monge hindu Bramachari (1935), seu interesse pelas religiões do Oriente não parou de crescer. Hinduísmo, Budismo (tibetano principalmente), Taoismo e Zen budismo constituíram objeto de estudo, interpretação e reflexão tão intensas como o próprio cristianismo. A correspondência com Daisetz T. Suzuki[57] contribuiu para que ele se familiarizasse cada vez mais com a vida dos grandes místicos e com o misticismo oriental.

Toda a viagem de Merton à Ásia foi registrada em seu último *Diário da Ásia*. Começa com uma anotação feita em 15 de outubro e termina com outra lançada em 8 de dezembro, dois dias antes de sua morte. Coube a um amigo e secretário de Merton, Irmão Patrick Hart, a missão de organizar o Diário e, também em um *post-scriptum*, contar os tristes acontecimentos da volta de Merton ao lugar que escolhera para sua morada[58].

Nos últimos anos de sua vida, trabalhou arduamente por abrir seu coração e suas inquietudes a todos os horizontes da espiritualidade humana em suas distintas manifestações religiosas. Isto não se tratou de uma mera curiosidade religiosa, mas sim de ir além, na urgência em encontrar-se consigo mesmo e compartilhar com os demais a unidade espiritual que emana de todos os homens.

Teve sempre muito clara a consciência de que, sem pessoas unificadas, não haveria nem mundo, nem religião, nem unidade. A divisão interna que as pessoas experimentam é um fato que podemos constatar em nosso próprio viver, e as divisões religiosas, sociais e políticas constituem um dado estatístico inegável: por um lado, guerras e violências; por outro, intentos de unidade e desejos de paz.

Segundo Merton, "se eu não tiver em mim unidade, como poderei pensar e menos ainda falar em unidade entre cristãos? No entanto, é evidente: procurando a unidade para todos os cristãos, encontro em mim, também, a unidade"[59].

Ele ainda destaca:

> Só há uma fuga verdadeira do mundo; não se trata de fugir do conflito, da angústia e do sofrimento, mas sim de fugir da desunião e da separação, para dentro da união e da paz pelo amor aos outros homens. [...] Pois fugir do mundo nada mais é do que fugir à preocupação do nosso próprio eu. E quem se tranca a sós com seu egoísmo se coloca numa posição em que o mal que nele existe dele se há de apoderar como um demônio ou então fá-lo-á perder a cabeça[60].

Não se pode negar em Merton uma subjetividade aberta, por ver o outro e ser visto humanamente, falar ao outro e escutá-lo, em ajudar e, por último, em assumir unicamente que somos humanos com os outros e junto a eles[61].

Merton foi um monge, escritor e poeta que não apenas conseguiu traduzir em linguagem moderna os temas fundamentais da vida monástica e da vida espiritual cristã, como também soube integrar sua vida com o mundo por meio de pessoas representativas no âmbito da arte, letras e da cultura em geral.

Em meio a uma vida cheia de desejo em corresponder à vontade de Deus, Merton vive uma forte paixão. A importância deste fato, que o mesmo ressalta em seu diário, está em assumir seus próprios sentimentos.

Entre uma paixão e o mosteiro

Era março de 1966, quando teve de ser submetido a uma cirurgia; enquanto estava em recuperação no hospital, conheceu uma enfermeira que tinha sido designada para ocupar-se de seus curativos. No seu diário, escreveu: "Neste dia me mandaram, como enfermeira, ainda estudante, para cuidar especialmente de mim, mudar as compressas na minha coxa, [...] em uma semana estávamos apaixonados"[62]. Ele amou e permitiu-se ser profundamente amado pela enfermeira Margie Smith.

Logo que saiu do hospital, escreveu um poema sobre o que estava vivendo. Releu o que havia escrito sobre solidão em seu livro, *Liberdade e solidão*, reconheceu que o havia melhorado, por tudo de novo e surpreendente que estava acontecendo, e neste momento percebeu que:

> Nada conta a não ser o amor, e uma solidão que não seja simplesmente a total abertura da liberdade e do amor não é nada. Amor e solidão é o solo da verdadeira maturidade e liberdade. A solidão que é apenas solidão e nada mais (i.e., que exclui tudo que não é solidão) não tem valor. A verdadeira solidão abarca tudo, pois é a plenitude do amor que não rejeita nada e ninguém, que se abre para todos em tudo[63].

Merton pôde experimentar em sua liberdade o sentimento de amor por uma mulher, arriscou-se a amá-la sem medo! Em nenhum momento negou a si mesmo. Estava nesta relação por inteiro e por isso pôde, com a mesma liberdade com que amou, dizer a si mesmo que não poderia viver sem o eremitério, sem ser fiel ao voto de castidade e a tudo que prometera a Deus.

Em Merton percebemos que a mais repressiva ascese não consegue apagar as poderosas correntes subterrâneas de nosso psiquismo. As paixões não conhecem a linguagem da repressão, mas da integração. Ele confessa em seu diário:

> Não posso considerar isso como "apenas um episódio". É um fato entranhado em minha vida e que há de ter penetrado em meu coração a fundo para alterar e transformar todo o meu clima de pensamento e experiência. Nela, como agora percebo, encontrei alguma coisa, alguém, que eu andei procurando a vida inteira. Sei que ela também sente o mesmo a meu respeito. Não importa o que aconteceu, creio que ambos sempre sentiremos que isso foi e é uma coisa muito profunda e real para ser mudada na essência. O que encontramos um no outro não ficará perdido: mas também não será verdadeiramente possuído[64].

Ele reconheceu que tudo o que vivia não era apenas desejo seu, mas que a "solidão é a vontade de Deus pra mim – não é apenas que eu 'obedeça' às autoridades e às leis da Igreja. É mais do que isso. É aqui que estão minhas raízes"[65].

Em junho do mesmo ano, não negando em nenhum momento para si mesmo a experiência amorosa que viveu, ele rompe seu relacionamento voltando ao primeiro amor, lembrando-se de seus votos de entrega incondicional a Deus. Para Merton suas escolhas e decisões, bem como sua compreensão sobre as experiências religiosas, são agora iluminadas por seu profundo desejo de corresponder à vontade de Deus, que se refletia na sua constante busca de uma melhor relação com o mundo, com as pessoas e com Deus. No que o constituía um homem totalmente integrado consigo mesmo em todas as suas dimensões.

Meu lugar no mundo: solidão e compaixão

Antes de entrar no mosteiro, Merton se perguntava qual era o seu lugar no mundo[66]. No mosteiro, encontra como resposta a solidão. No entanto, agora outra pergunta é feita: Qual é o meu lugar na solidão? A resposta a esta pergunta é buscada, de maneira sofrida, durante seus primeiros anos no mosteiro. Merton demora a encontrá-la, como podemos ler em um relato despojado de suas crises naquele período.

> Hoje creio ter a certeza de que a solidão é na verdade o que Deus deseja para mim, e que é realmente Deus quem está me chamando para o deserto. Mas tal deserto não é, necessariamente, um deserto geográfico. É uma solidão de coração na qual as alegrias criadas são destruídas e voltam a nascer em Deus[67].

A sua vida começou a tomar um novo rumo, dois anos depois de sua ordenação, quando assume a formação de noviços e se dedica à felicidade destes jovens[68]. Foram anos fecundos. Nascia a sua compaixão pelo ser humano e o desejo de partilhar com o mundo tudo que recebia de Deus. "Morro de amor por ti, compaixão, tomo-te como mulher, igual a Francisco que se casou com a pobreza, caso contigo, rainha dos ermitões e mãe dos pobres"[69].

Quando analisou sua vida, compreendeu que a autêntica solidão não é estar isolado, senão que em sua solidão conhecia mais a seus alunos e estava mais unido a eles. Ele aprendera que,

> quando Deus chama alguém para a solidão, qualquer coisa que toque contribuirá para aumentar sua solidão. Tudo que

afeta a pessoa serve para construir uma ermida em torno dessa pessoa até o ponto em que ela não insista em querer fazer seu próprio trabalho, em construir sua própria espécie de ermida[70].

É interessante lembrar que o estado de solidão "evolui" continuamente na vida de Merton, desde o simples estar só dos outros até o estar só da própria solidão, este último dentro dos ensinamentos Zen budistas, dos quais ele foi um fervoroso admirador. Ele descobriu que o seu deserto se chamava compaixão. Segundo ele, "não há solidão tão terrível e tão bela, tão árida e tão frutífera como o ermo da compaixão. É o único deserto que realmente florescerá como o lírio"[71].

Merton tem uma nova experiência de conversão. Uma conversão do mosteiro ao mundo[72]. Ele percebeu, depois de viver dezessete anos como monge, que não existe oposição entre o sagrado e o profano, natural e sobrenatural. A sua experiência de "conversão à compaixão" trata-se de uma epifania, uma revelação e uma profecia sobre sua própria vida e sobre a realidade do ser humano no mundo, que aconteceu na cidade de Louisville, Kentucky. Na esquina das ruas Fourth com Walnut, no movimentado centro comercial, ele nos conta que: "aconteceu, como se eu visse a secreta beleza de seus corações, a profundeza de seus corações onde nem o pecado, nem o desejo, nem o autoconhecimento podem penetrar. Isto é, o cerne da realidade de cada um, da pessoa de cada um aos olhos de Deus"[73].

Merton usa a expressão *le point-vierge* para falar sobre essa experiência. Segundo ele, no cerne da realidade de cada pessoa, no centro do ser humano, existe um ponto, intocado pelo pecado e pela ilusão, lugar da "pura glória de Deus em nós".

Essa experiência retira o véu da ilusão que ainda poderia estar em Merton. Ele toma consciência da necessidade de abrir-se a algo novo e importante: ver e amar a Deus no mundo inteiro, em toda sociedade[74]. Libertando-se de uma diferença ilusória, alegra-se por pertencer à raça humana, em ser homem como os outros homens. Mergulhado nessa experiência, ele declara:

Sinto uma imensa alegria em ser homem, membro de uma raça na qual o próprio Deus se encarnou. Como se as dores e a estupidez da condição humana pudessem submergir--me, agora que tenho consciência daquilo que todos nós somos. E se ao menos todos pudessem ter disso consciência! Porém não pode ser explicado. Não há nenhum meio de dizer às pessoas que elas estão todas brilhando como sóis[75].

No entanto, esta descoberta não foi repentina, estava presente como algo conatural. No seu diário *O signo de Jonas*, escrito dez anos antes dessa experiência, ele diz:

De fato eu vim ao mosteiro para descobrir o lugar que me corresponde no mundo e, se não consigo encontrar este meu posto no mundo, estarei perdendo o tempo aqui. [...] A vinda ao mosteiro representou para mim o isolamento verdadeiro. Deu-me perspectiva. Ensinou-me a viver. E agora devo a todos os demais habitantes do mundo viver esta vida. Meu primeiro dever consiste em iniciar pela primeira vez uma vida como membro da raça humana, que não é mais (nem menos) ridícula que eu mesmo. E meu primeiro ato humano há de ser reconhecer o muito que devo aos demais (03/03/1951)[76].

Esta experiência em Louisville marcou a passagem entre seus primeiros livros e sua vida monástica silenciosa, a um intenso contato com o mundo nos seus últimos anos de vida. Merton se via atraído à solidão e também ao compromisso com as pessoas fora do mosteiro. Sua experiência não lhe sugeria abandonar sua vida monástica, senão que a solidão verdadeira é talvez não presença e assistência, não participação e compromisso, encobrimento e hospitalidade, desaparecimento e chegada. Então começou a criar novos caminhos de contato e diálogo com pessoas fora do mosteiro.

A pedido seu, foi autorizado, antecipando o movimento ecumênico do Papa João XXIII, a manter durante cinco anos encontros quinzenais com pastores e estudantes protestantes e também com estudiosos judeus[77]. Foi o precursor do ecumenismo e do macroecumenismo, e de coisas que o Concílio Vaticano II iria explicitar.

Todas as suas atividades já estavam dificultando o cotidiano no mosteiro. Sempre motivado pelo desejo de silêncio e solidão, em

1965 teve do abade e do capítulo geral da Ordem a licença para ter uma vida de eremita. Passa a morar perto do mosteiro, onde todos os dias vai celebrar a missa. Tem uma vida simples e austera[78].

O eremitério foi, para Merton, mais um lugar para que pudesse melhor conhecer-se e assumir-se com plena consciência, pois oferece algo de que uma pessoa madura necessita: a oportunidade de explorar um terreno desconhecido para descobrir a si mesmo.

> O segredo da minha identidade plena está escondido nele. Só Ele pode tornar-me quem sou, ou melhor, quem serei quando, por fim, começar a ser plenamente. Mas essa obra jamais será realizada se eu não desejar essa identidade e trabalhar para encontrá-la com Ele e nele[79].

Passava seu dia meditando, escrevendo, trabalhando no jardim e lendo correspondências que recebia do mundo inteiro. E foi do eremitério, do seu silêncio, que ele manteve com o mundo uma frutuosa relação. Estava atento a tudo que acontecia. Sua contemplação e ação são inspiradas no relato bíblico sobre Marta e Maria e no lema beneditino *ora et labora*, por meio do qual compartilhava com o mundo os seus frutos.

Nenhum dos grandes problemas do mundo deixou de ser abordado por Merton. Ele viveu o grande paradoxo. Liberto do mundo, ele volta a ser seu prisioneiro, no exercício supremo de uma liberdade duramente conquistada. Ele escreve contra as guerras, contra as ditaduras da América Latina e chama a atenção do mundo para as miseráveis condições de vida dos pobres dos países subdesenvolvidos[80]. Em seu eremitério, sua vida contemplativa é mais atuante do que nunca.

O paradoxo vivido por Merton durante o período no eremitério foi que, por um lado, era plenamente consciente do valor da solidão para seu crescimento espiritual, mas, por outro, sentia a necessidade de comunicar-se com as outras pessoas. Na medida em que crescia sua experiência de Deus, sentia uma maior responsabilidade pelo bem do outro e de toda a sociedade.

Escrever era a maneira que tinha para poder se comunicar. Foi uma verdadeira missão e vocação que cresceram de sua experiência de Deus. O que o ajudou muito nesta relação com a sociedade foi seu temperamento aberto às novas experiências, sempre atento ao mundo, pois reconhecia ser dom de Deus[81].

"Para um contemplativo, toda a vida é contemplação"

Merton, marcado pela sociedade do seu tempo, afirma que o ser humano vive uma ilusão de onipotência, uma ilusão que a coletividade se apressa em compartilhar, um sistema que provoca o ser humano a desejar o que a sociedade impõe. No entanto, a verdadeira necessidade é "termos que estar sós, e sermos nós mesmos, e recordar aos outros a verdade que existe neles"[82].

O reconhecimento do valor da vida contemplativa para o ser humano moderno tem sua importância no que diz respeito ao seu ideal mais valioso, que segundo Merton, parte da necessidade que o mesmo tem de encontrar sua emancipação e liberdade. Para ele:

> Hoje, mais do que nunca, o homem busca sua emancipação e liberdade. [...] Porém a liberdade é algo espiritual. É uma realidade sagrada e religiosa. Suas raízes não se fundam no homem, senão em Deus. Porque a liberdade do homem, que o torna imagem de Deus, é uma participação na liberdade de Deus. O homem é livre à medida que se assemelha a Deus. Sua luta pela liberdade implica, pois, uma luta por renunciar a uma autonomia falsa e enganosa, a fim de fazer-se livre para além e de si mesmo[83].

Ou seja, para que o ser humano seja livre, deve estar livre de si mesmo. Quem é escravo dos seus próprios desejos, necessariamente, explora o seu próximo, a fim de render tributos ao tirano que habita em seu interior, por ser escravo dos seus desejos. O ser humano deve aprender a encontrar o caminho para a liberdade em seu interior[84].

O percurso desenvolvido por Merton para encontrar esse caminho segue em direção à busca do silêncio, chegando à contemplação. E foi durante muito tempo de sua vida adulta, procurando viver esse silêncio, que ele desejou entender o que significava contemplação.

A contemplação não é um mero compartimento da existência, mas sim a via por excelência para que a pessoa possa integrar os diversos aspectos de sua vida, de modo que faça desta um todo coerente. Merton é bastante enfático quando afirma: "tenho repetido que a contemplação é real. Tenho, além disso, insistido em sua simplicidade, sobriedade e humildade, bem como em sua integração em uma vida cristã normal"[85].

Como cristão, o contemplativo deverá estar atento às necessidades dos outros, o que não significará uma complacência moral. Para Merton, que esteve sempre atento aos desafios e necessidades de um tempo, marcado pela indiferença, abandono e guerras, está claro que:

> De que nos serve celebrar seminários sobre a doutrina do corpo místico e a sagrada liturgia, se não nos preocupamos em absoluto com o sofrimento, a indigência, a enfermidade e até a morte de milhões de potenciais membros de Cristo? Podemos imaginar que toda a pobreza e sofrimento estão alheios ao nosso país; porém se conhecêssemos e entendêssemos nossas obrigações com respeito à África, ao Sul da América e Ásia, não seríamos tão complacentes. E, todavia, não temos que olhar além de nossa fronteira para descobrirmos enormes doses de miséria humana nos subúrbios de nossas grandes cidades e nas zonas rurais menos privilegiadas. O que fazemos a respeito? Não basta colocar as mãos nos bolsos e tirar algumas moedas. O que temos que dar aos nossos irmãos não são unicamente nossos bens, senão a nós mesmos. Enquanto não recuperarmos o profundo sentido da caridade, não poderemos compreender toda a profundidade da perfeição cristã[86].

Significa que um autêntico cristão deve estar sempre atento às necessidades do ser humano, em qualquer parte do mundo. Todos estão obrigados a tomar parte ativa na solução de problemas urgentes que afetam globalmente sua sociedade e o seu mundo. A clareza de Merton quanto à atitude de um contemplativo não deixa dúvidas: "a contemplação não vira as costas para a realidade nem foge desta, mas vê através do ser superficial e vai além deste. Isso implica uma plena aceitação das coisas como elas são, além de uma sã avaliação destas"[87].

Ou seja, o verdadeiro contemplativo não está menos interessado na vida normal do que os outros, não está menos atento ao que acontece no mundo. Está, ao contrário, mais interessado, mais atento. O fato de ser um contemplativo o torna capaz de um interesse maior e de uma atenção mais profunda. É capaz de enxergar mais claramente e entrar mais diretamente na pura realidade da vida humana[88].

Diante das ilusões que muitos sustentam sobre a contemplação, Merton faz um alerta para que ninguém se iluda com as aspirações contemplativas se não está determinado a assumir os labores e as obrigações comuns da vida normal.

> Pode haver muita desolação e sofrimento no espírito do contemplativo, mas há sempre mais alegria que tristeza, mais segurança que dúvida, mais paz que desolação. O contemplativo é aquele que encontrou aquilo que todos os homens buscam de um modo ou de outro[89].

Sobre a extensão da vocação contemplativa, permanece o fato de que há algo comum em todas as religiões, chamadas por ele de superiores. Segundo ele, em toda parte, seja no cristianismo ou no budismo, no hinduísmo ou no islã, encontramos exemplos de vida contemplativa.

A vida contemplativa é uma vida de unidade. O contemplativo pode transcender a divisão e alcançar a unidade, recolhendo-se em si mesmo para encontrar o centro interior de atividade espiritual. E, em um sentido estrito, a contemplação é a intuição imediata e, em certo sentido, passiva da realidade interior, de nosso eu espiritual e de Deus presente dentro do ser humano.

O contemplativo deve aceitar com humildade, sem inferir coisa alguma e sem estabelecer nenhuma comparação com outras experiências. Apenas caminhar na presença de Deus. Quando aceita de maneira correta, a experiência contemplativa tem seu efeito próprio: torna mais intenso e mais simples o amor a Deus e ao próximo[90]. Merton destaca a união com Deus diante das atividades cotidianas. Ou seja, apesar de não estarem na vida contemplativa, não estão longe das graças da contemplação. Sendo trabalhadores ativos, são também contemplativos ocultos.

A vida contemplativa é fundamentalmente uma vida de unidade, solidão, verdade e comunhão. O contemplativo é aquele que transcende as divisões para alcançar uma unidade por cima de qualquer divisão.

A viagem ao Oriente e "dela tirar proveito, aprender, mudar"

Persistia em Merton, mesmo vivendo em seu eremitério, o desejo do silêncio e da contemplação. As muitas preocupações o incomodavam e, assim, desabafou no seu diário: "Na realidade não estou vivendo como eremita. Vejo gente demais, tenho muito trabalho ativo a fazer, o lugar é por demais barulhento e acessível"[91].

Toda sua angústia o fazia procurar nas leituras sobre a mística oriental uma nova maneira de reencontrar seu caminho, porque nela muito o impressionava a busca da contemplação e a ideia de solidão como parte da clarificação que inclui viver para os outros, a dissolução do ego ao "pertencer a todos" por considerar como seus os sofrimentos alheios[92].

O monaquismo oriental, a sabedoria, o Oriente e seu pendor para valorizar o invisível, o absoluto, cada vez mais o atraíam para um estudo aprofundado que traria para o cristianismo ocidental novas riquezas, por vezes esquecidas ou postas de lado.

Merton quis encontrar-se com a solidão e deixar que tudo acontecesse de maneira silenciosa e invisível. Em um convite que recebeu para participar de um congresso ecumênico, organizado pelos beneditinos em Bancoc, na Tailândia, percebeu que era a sua chance de estabelecer contatos com monges e dirigentes budistas. Era também a oportunidade para reencontrar seu caminho, e assim escreveu em seu diário:

> Vou com a mente de todo aberta. Sem ilusões especiais, espero. Minha esperança é simplesmente desfrutar da longa viagem, dela tirar proveito, aprender, mudar. Talvez encontrar alguma coisa ou alguém que me ajude a avançar em minha própria busca espiritual [...]. Não estou partin-

> do com um plano concreto de nunca retornar, nem com a absoluta determinação de retornar a todo custo. Sinto que aqui não há muito pra mim no momento e que preciso me abrir para o monte de novas possibilidades. Como fazê-lo? Mas continuo a ser monge de Gethsemani. Se terminarei ou não aqui meus dias, não sei. Talvez isso não seja tão importante. A grande coisa é corresponder perfeitamente à vontade de Deus nessa ocasião providencial, seja o que for que ela traga[93].

Com a aprovação deste convite, recebe mais outros de diversos mosteiros de sua ordem, na Indonésia, para pregar retiros. Sua viagem para a Ásia é preparada com grande ânimo. Ele inclui visitas a mosteiros budistas e conversas com líderes religiosos[94].

Em carta escrita no dia 9 de novembro a seus amigos, contando-lhes suas experiências na viagem, deixa transparecer sua alegria por causa dos novos contatos e por estar, a partir das experiências na Ásia, mergulhando na sua própria fé.

> Espero poder levar para o meu mosteiro alguma coisa da sabedoria asiática, com a qual tenho a sorte de estar em contato – mas coisa muito difícil de expressar em palavras. Desejo a todos a paz e alegria no Senhor e um crescimento na fé; pois nos meus contatos com estes novos amigos também eu sinto consolação na minha própria fé em Cristo e na sua presença que me envolve[95].

Sua peregrinação à Ásia foi também uma peregrinação para dentro de si, na constante busca por aprofundar seu compromisso religioso e monástico. Sua primeira parada na Ásia é em Calcutá, onde deverá falar para monges de várias ordens católicas. Em seu discurso, ele escreveu, deixando claro o motivo de sua viagem:

> Falo como um monge do Ocidente que está interessado eminentemente em sua própria vocação e dedicação monástica. Deixei meu mosteiro e vim até aqui não só na qualidade de um estudioso pesquisador, ou mesmo como escritor (que também me acontece ser); venho como um peregrino que está ansioso para obter não só informações, não somente fatos sobre outras tradições monásticas, mas para beber em antigas fontes de visão e de experiência monásticas. Não só procuro aprender mais (quantitativamen-

te), sobre religião e vida monástica, mas também me tornar um monge melhor e mais iluminado (qualitativamente)[96].

Em sua palestra sobre vida monacal, pronunciada informalmente[97], ele fala sobre a crise que enfrenta o monasticismo, no Ocidente. E convida os monges do Oriente a se manterem fiéis às suas antigas tradições, a não terem receio dessa fidelidade. Ele gosta muito da ideia de que outros encontros como esse serão possíveis de fazer, no entanto, "deixando claro que esses deverão ser no nível da experiência. E que não sejam apenas entre instituições monásticas, mas entre pessoas que estão buscando. A condição básica disso é que cada qual permaneça fiel à sua própria busca". E continua, finalizando sua palestra:

> E entre essas pessoas – se elas são fiéis ao seu chamado, à sua própria vocação, à mensagem que lhes vem de Deus –, a comunicação é possível em nível mais profundo. E o nível mais profundo de comunicação não é comunicação, é comunhão. Sem palavras. Além das palavras. Além do poder da palavra, além do conceito. Não se descobre uma nova unidade; descobre-se uma unidade antiga. Caros irmãos, nós já somos um; apenas, imaginamos não o ser. O que nos é preciso é recuperar a nossa unidade original. Temos de ser o que já somos[98].

Sobre a possível unidade entre as religiões, ele ressalta:

> Mesmo havendo irreconciliáveis diferenças de doutrina e de crença formulada, há grandes semelhanças e analogias no nível da experiência religiosa. [...] As diferenças culturais e doutrinárias devem ser conservadas, mas elas não invalidam uma qualidade muito real de semelhança existencial. E que nesse nível de experiência existencial e de maturidade espiritual é possível fazer contatos reais e significativos e, talvez, muito mais do que isso[99].

Merton está convencido de que a "comunicação em profundidade não somente é possível agora e desejável, como é da maior importância para o destino do homem do século XX"[100]. Para terminar, reafirma a importância da comunicação, chegando à comunhão entre contemplativos de tradições diferentes, de diferentes disciplinas e religiões.

Ele visita vários países. Na China, conversou com Phara Khantipalo (autor de livros sobre o budismo) sobre meditação. Já com o abade budista Chao Khun, conversou sobre os objetivos do budismo theravada[101]. Todas estas conversas possibilitaram uma melhor compreensão das experiências religiosas vividas nas religiões orientais, de sua disciplina e dedicação.

Teve também encontros com o Dalai Lama, que lhe causou forte impressão; no seu diário, registrou: "é ativo e forte, mais alto do que eu esperava. Um homem sólido, cheio de energia, generoso e cordial"[102]. Conversou bastante com ele, em três encontros. As conversas foram sobre religião, filosofia e particularmente sobre meditação e seus métodos[103].

Estava próximo o dia da realização do congresso no qual iria falar para cristãos e budistas. Partiu, então, para a Tailândia, e em sua conferência intitulada "Marxismo e perspectivas monásticas" ele inicia sugerindo mudança no título, que para ele poderia ser "Teoria marxista e teoria monacal". Ele estava muito mais interessado no pensamento e na espécie de mística do marxismo do que no seu pensamento ortodoxo.

Diante de vários líderes monásticos da Ásia, Merton concluiu suas observações com uma apreciação sincera dos valores monásticos do Oriente como complemento para o monacato ocidental cristão:

> Acredito que a abertura ao budismo, ao hinduísmo e a essas grandes tradições asiáticas nos traz uma oportunidade maravilhosa para aprender mais sobre a potencialidade das nossas próprias tradições, porque eles penetram, do ponto de vista natural, muito mais profundamente nisso do que nós. A combinação das técnicas naturais, graça e outros fatores manifestados na Ásia com a liberdade cristã do Evangelho deveria levar-nos todos, por fim, a essa liberdade plena e transcendente situada além das meras diferenças culturais, das meras exterioridades e meros isto ou aquilo[104].

Para ele, na experiência religiosa há uma real "semelhança existencial", que possibilita "uma comunicação em profundidade". E, em consequência do aprendizado, na disciplina e experiência dos budistas e hindus, se tem não só o aperfeiçoamento, mas também a qualificação da vida monástica cristã. Sua experiência, então, no diálogo com estas religiões, não diminuiu ou causou difusão pela influência que obteve, mas contribuiu para que pudesse encontrar no cristianismo dimensões que não conseguiria perceber sem a ajuda destas.

"And now I will disappear"[105]. Com essas palavras, Merton termina a conferência. O calor é sufocante e ele deseja voltar logo para o hotel, tomar um banho e descansar. Um fio exposto cala para sempre uma das vozes mais perturbadoras do século XX. Uma voz que foi buscar no silêncio e na solidão a força necessária para ser ouvida e respeitada. Uma voz, serena como a de um cúmplice e irada como a de quem vê no conformismo a maior tragédia da humanidade.

Após esta conferência, Merton se recolheu e, em seu quarto, acidentalmente, morreu eletrocutado por um ventilador defeituoso. Estava com 53 anos.

Na conferência em Bancoc, tendo ela ocorrido no próprio dia de sua morte, encontramos a chave de sua mensagem, ao mesmo tempo mística e pragmática, da vida monástica, como presença no mundo e não como ausência do mundo.

Merton, em meio a tropeções e quedas, percorreu seu caminho, deixou marcas de uma personalidade forte e terna por onde passou. E, enfim, conhece agora quem tanto amou e ouve com clareza sua voz. Seu amor proclamado quando escreveu rezando anunciava mais uma vez o desejo de abandono, de entrega total e da certeza que tinha de ser amado:

> Pai, eu te amo, a ti que não conheço, e te abraço sem ver-te, abandono-me a ti a quem ofendi porque me amas em teu unigênito. Vês Ele em mim, abraças a Ele em mim porque Ele quis identificar-se completamente comigo por aquele amor que o levou à morte, por mim, na cruz[106].

Conclusão

Merton foi um homem que desfrutou de uma vida intelectual brilhante, desde sua juventude, quando percorria um caminho de desilusão e conflitos, até que, encontrando-se consigo mesmo em Deus, assumiu-se como um escritor apaixonado; em seu diário, anotou que escrever "é pensar e viver – e até rezar", "escrever é amar". E desta forma, além de suas conferências, manteve-se em contato com o mundo, consigo mesmo e com Deus.

Sua contribuição para os dias de hoje, tempo que nos clama por uma mudança de paradigma, está em sua espiritualidade encarnada com a realidade, uma espiritualidade da libertação, que se traduz em uma abertura ao outro, ao diferente; seu diálogo frutuoso com as diversas religiões orientais, que não diminui ou causa confusão, contribui para que se possam encontrar no cristianismo dimensões que não conseguiria perceber sem a ajuda destes e por uma visão integral do ser humano.

No mosteiro, sua angústia era encontrar um equilíbrio entre ação, temporalidade e eternidade. Ele se preocupa muito, nos primeiros anos de sua vida monástica, em encontrar soluções para estes dilemas; porém se dá conta de que tem que assumir sua própria identidade no palco da temporalidade – são os anos mais conflitivos de sua existência, anos em que retoma sua própria raiz humana e social e tem contato com muitas pessoas.

Ele descobre que, em relação à temporalidade, faz-se necessário um olhar universalizante, ecumênico e interconfessional no religioso, e um olhar misericordioso e compassivo sobre um mundo esquecido pelas guerras e violência, necessitando de uma reconciliação pacífica para a paz mundial.

O interesse de Merton pelos horizontes espirituais do homem tem sua origem na profundidade de sua fé; a segurança interior levou-o a explorar, a experimentar e a interpretar as afinidades e as diferenças entre as religiões, à luz de sua própria religião, o cristianismo, que representava para ele o supremo fato histórico e a perfeita revelação.

Merton procurou a totalidade do ser humano e sua visão abrangedora não lhe permitia negar qualquer escritura autêntica ou qualquer ser humano de fé. O silêncio da meditação e a oração que em toda a vida buscou, encontrou-os não só em sua experiência monástica como também em seu último entusiasmo pelo Tibete. Acreditando no ecumenismo, adiantou-se e explorou novos caminhos de compreensão entre diferentes credos, encorajado pelo espírito do Vaticano II.

Foram quase vinte e sete anos, de 31 janeiro de 1915 a 10 de dezembro de 1941, quando entrou no Mosteiro Trapista. A partir de seu ingresso na Ordem até sua morte, em 10 de dezembro de 1968, transcorreram também vinte e sete anos, justamente no aniversário da sua entrada no Mosteiro de Nossa Senhora do Gethsemani.

Conciliar ação e contemplação era e sempre foi seu destino. Um destino perseguido com paixão e sofrimento, alegria e desespero. Não havia, para Merton, um tempo para agir e um tempo para meditar. A fronteira entre eles era quase inexistente e ele levaria muito tempo para descobrir que tanto um gesto como o outro só são autênticos se permanecem indissociáveis.

Referências

GARCIA RUBIO, A. *Unidade na pluralidade*: o ser humano à luz da fé e da reflexão cristã. São Paulo: Paulus, 2001.

HART, P. & MONTALDO, J. *Merton na intimidade:* sua vida em seus diários. Rio de Janeiro: Fisus, 2001.

LÓPEZ, M.L.L. *Thomas Merton*: uma vida com horizontes. Aparecida: Santuário, 2010.

MERTON, T. *A experiência interior*: notas sobre a contemplação. São Paulo: Martins Fontes, 2007.

_____. *Vida y santidad.* Santander: Sal Terrae, 2006.

_____. *A montanha dos sete patamares.* Petrópolis: Vozes. 2005.

_____. *Incursiones en lo indecible.* Santander: Sal da Terrae, 2004.

_____. *Homem algum é uma ilha.* Campinas: Verus, 2003.

_____. *Na liberdade da solidão.* Petrópolis: Vozes, 2001.

_____. *Novas sementes de contemplação*. Rio de Janeiro: Fissus, 2001.

_____. La experiencia interna – Notas sobre la contemplación. In: *Cistercium*, 212, 1998.

_____. *O diário da Ásia*. Belo Horizonte: Vega, 1978.

_____. *Reflexões de um espectador culpado*. Petrópolis: Vozes, 1970.

_____. *O signo de Jonas*. São Paulo: Mérito, 1954.

SOUZA, M.E.S. *Thomas Merton*: um homem feliz. Petrópolis: Vozes, 2003.

O legado radical de Thomas Merton

*Robert Inchausti**

Thomas Merton foi um homem de muitas contradições: um místico que defendia a revolução, um poeta que acreditava que o silêncio era a eloquência definitiva, um crítico social que desconfiava das políticas sociais, e um eremita mundialmente famoso. Tais paradoxos não se desfazem facilmente, entretanto, nenhum deles é um enigma filosófico insolúvel. Eles são, mais verdadeiramente, sintomas e sinais da época contraditória em que Merton viveu – de fato, da época contraditória em que *todos nós ainda vivemos* – uma época que emergiu no século XVII junto com o nascimento das ciências experimentais[107].

Foi então que o nosso relacionamento com a natureza foi redefinido. Não era mais algo a ser contemplado; a natureza se tornou *a coisa em si*. Fatos separados de valores, conhecimento distinto da política, e a civilização ocidental passou a se ver como o mestre tecnológico e interrogador científico do universo.

Foi então que o misticismo comunal da igreja medieval começou a perder a sua linguagem, sua confiança e seu *status* social – e o mundo começou a se dividir entre os modernos e os indígenas.

---

* Professor de Liberal Arts da Sacramento State University. Doutor em Língua Inglesa pela Universidade de Chicago.

Não mais presos por qualquer grande corrente do ser ou da ética universal, aqueles que se tornariam "modernos" passaram a dedicar-se à conquista do mundo natural. Nenhuma moralidade impedia o progresso, nenhum fato confundia suas políticas e nenhum Deus frustrava suas vontades, porque natureza, sociedade e religião foram convenientemente atribuídas a "esferas" governadas por seus próprios procedimentos. E, com isso, a Bíblia se tornou um texto-evidência para várias doutrinas e não o manual devocional para a transformação das almas como era considerada.

E mesmo assim, Bruno Latour – em sua reflexão brilhante sobre a história ocidental intelectual – *Jamais fomos modernos* (Boston: Harvard University Press, 1993) argumenta que o projeto iluminista de purificar o pensamento separando o mundo objetivo da experiência subjetiva nunca foi atingido – na verdade, não pode ser atingido – porque não existem fatos separados de valores, nem tampouco existem quaisquer objetos independentes de seu uso subjetivo. Tudo sempre acontece dentro da história – tudo existe naquilo que Latour chama de "ponto médio" da realidade híbrida. De fato, nós vivemos – sempre temos vivido e viveremos – em um mundo misto entre o agora e o depois, o ego e os outros, assunto/objeto e fatos valorizados. O "projeto" iluminista de purificar o pensamento ao separar o conhecimento científico dos valores e da experiência simplesmente não pode ser atingido, e mesmo assim esse "ideal" continua a permear tudo o que pensamos, dizemos, sentimos e fazemos.

Entra Thomas Merton

Merton – como muitos outros teólogos do século XX – busca explicar – e, portanto, superar – as limitações espirituais construídas pelo Projeto Modernista. Em 1967, ele escreveu: "Meus caros irmãos, nós já somos um. Mas imaginem que não fôssemos. E que tivéssemos de recuperar nossa unidade original. O que temos de ser é o que nós somos".

Quando *A montanha dos sete patamares*[108] foi publicada em 1948, foi lida erroneamente por muitos como um chamado a um retorno aos valores da escolástica medieval. Mas, mesmo nessa fase anterior em sua carreira, Merton já clamava por um reconhecimento da *não modernidade* do cristianismo contemplativo como um antídoto ao niilismo contemporâneo, fanatismo político e idolatria tecnológica.

Ele não era atraído pelo neotomismo, pela abrangência de seu sistema ou pela universalidade de suas alegações, mas por seu *realismo* híbrido e sua unidade "sempre já" de fatos com valores, e do ego com o Outro. A autobiografia de Merton era a história de sua descoberta de um Deus desconhecido à ciência moderna e filosofia contemporânea – uma presença não moderna "real".

A montanha dos sete patamares – e isso é confirmado pelos escritos e interesses posteriores de Merton pelo budismo – foi, em retrospecto, uma tentativa de descrever o cristianismo como uma fé não moderna, apontando para um futuro pós-moderno ainda não imaginado, e não meramente apenas outro sistema conceitual em competição com outros sistemas conceituais em um mundo ideologicamente hiper-politizado.

O narrador de *A montanha dos sete patamares* – assim como o próprio Merton jovem – era um tradutor do Medieval para o agora, do agora para o medieval. Sua *persona* era a de um diplomata buscando compromisso e acomodação – não aquela de um intelectual "virtuoso" moderno, liberto do passado. Ele escreveu mais como um estranho em uma terra estranha – negociando termos entre o presente e o passado, entre ser e se tornar, conhecimento e crença – entre quem nós fomos certa vez e quem ainda podemos ser.

Ironicamente, os laboratórios de ciência estão agora confirmando a perspectiva híbrida de Merton sobre esses assuntos. Na imunologia e na ecologia, fatos não podem ser separados das políticas, enquanto que, na inteligência artificial e na neurociência, não há separação clara entre objeto e sujeito. Hoje, o interser é tanto um fato da natureza quanto uma hipótese religiosa.

É de impressionar, então, que há cinquenta anos Merton foi tão amplamente admirado como crítico social e, ainda assim, foi, ao mesmo tempo, tão profundamente mal compreendido como pensador religioso. Muitos leitores simplesmente confundiram sua perspectiva contemplativa híbrida não moderna com uma espécie de retorno à escolástica medieval – quando ele era, na verdade, um pensador muito mais radical, questionando as próprias premissas da Modernidade.

Talvez um jeito melhor de dizer isso seja que o livro de Thomas Merton, *A montanha dos sete patamares* (1948), removeu o cristianismo de seu contexto ideológico da Guerra Fria e, ao fazê-lo, o revelou como sendo algo mais do que apenas outra visão de mundo em uma era de visões de mundo. De fato, para Merton, o cristianismo místico não faz sentido como construção ideológica porque ele é, de fato, uma prática devocional não moderna que antecede tanto o cartesianismo quanto o racionalismo neokantiano.

Mas, a fim de ver a não modernidade da fé cristã como uma virtude, não como um defeito, foi necessário Merton retornar àquela encruzilhada epistemológica na estrada tomada no século XVII e reconsiderar a relação com o projeto iluminista. Sob esse ponto de vista não moderno, macro-histórico, a história não é mais vista em termos de confrontos de sistemas de valores e de civilizações. Em vez disso, é vista como uma investigação compreensiva das raízes de nossa humanidade compartilhada conforme expresso por uma variedade de tradições religiosas não modernas – muitas das quais contemplativas, muitas das quais ainda vivas e viáveis.

As tradições religiosas do mundo, contudo, têm sido amplamente distorcidas pelos procedimentos do moderno academicismo científico. Suas alegações ontológicas são desconsideradas, suas éticas trivializadas e seus contextos existenciais politizados ignorados. O primeiro livro de Merton, *A montanha dos sete patamares*, inverteu o relacionamento da religião com a ideologia e políticas com a religião – expondo a própria Modernidade como uma construção religiosa de substituição.

Vendo as coisas sob essa luz, o "modo" contemplativo de Merton não era de maneira alguma um antimodernismo. De fato, ele nunca identificou o cristianismo com a rejeição da ciência, ou da tecnologia, ou da democracia. O cristianismo ao qual Merton se converteu não era pré-moderno, pós-moderno, nem antimoderno. Era a espiritualidade contemplativa não moderna da Igreja Católica, conforme constituída nas tradições monásticas vivas. Ele havia meramente mudado o foco da justificação da fé dentro das categorias da filosofia contemporânea para a demonstração de como o catolicismo contemplativo *funciona* como uma alternativa à Modernidade. O cristianismo de Merton, como prática contemplativa e revelação mística, não era uma *religião* essencialista, positivista, mas uma alteração na vida, uma jornada imprevisível – uma "espiritualidade buscando uma teologia", e não o caminho inverso[109].

Um exemplo explícito do pensamento híbrido não moderno de Merton – está, obviamente, em todo lugar em suas obras – pode ser visto mais explicitamente em seu ensaio "The New Consciousness", publicado em 1967. Aqui, Merton questiona a maneira como teólogos modernos têm tentado pensar seu caminho de volta ao sistema de valores do primeiro século, perdendo o significado contemporâneo de Cristo como um desafio a tudo que nós atualmente pensamos, sabemos e acreditamos a nosso respeito e sobre nosso lugar na história. "A 'consciência cristã' do homem moderno", Merton nos diz, "nunca pode ser pura e simplesmente a consciência de um habitante do Império Romano no primeiro século. Está destinada a ser uma consciência moderna"[110]. Essa consciência moderna, ele nos conta, "nascida do cartesiano *cogito* – criador de uma "bolha solipsista de consciência – um autoego preso em sua própria consciência, isolado e fora de contato com outros egos até o ponto em que todos eles são mais (vistos como) coisas do que pessoas"[111].

Essa divisão, ele explica, tem levado a todos os tipos de tentativas desajeitadas de defender, definir ou destituir o "objeto-Deus"; ao passo que o que realmente precisa ser feito é "lembrar a nós mesmos que outra consciência", (não moderna) metafísica, ainda está disponível ao homem moderno. Ela não se inicia no pensamento e autoconsciência do sujeito, mas no Ser, "ontologicamente visto como algo além e anterior à divisão sujeito/objeto [...]. Não é 'consciência *de*', mas *consciência pura*, na qual o sujeito, como tal, desaparece"[112].

Isso equivale a dizer que, para os modernos conhecerem Deus como algo além de um objeto, eles devem primeiramente eliminar seus egos imperiais ocidentais nascidos da divisão cartesiana do sujeito/objeto. Merton "não considera Deus tanto como Imanente ou Transcendente, mas como graça e presença, portanto, nem como um 'centro' imaginado em algum lugar 'lá fora', nem 'dentro de nós'. [Nós] o encontramos – Merton nos conta – não como Ser, mas como Liberdade e Amor"[113]. Aqui, resumidamente, está o cerne da espiritualidade contemplativa de Merton: Deus aborda todas as realidades autônomas com suas transgressões divinas e perpétuas.

Segue-se, então, que a oração, contemplação, serviço e devoção levam as almas modernas a Deus ao expor os falsos sistemas metafísicos que o definem como um objeto no espaço. Mas em uma era na qual as distinções políticas e ideológicas dominam nossas vidas, o significado contemplativo da religião se perdeu, e está reduzido a competir com doutrinas, dogmas e crenças – cada qual lutando para sobreviver em um mundo violento e ideologicamente dividido.

É por isso que Merton nos diz que: "Descobrir a vida contemplativa é uma nova autodescoberta. [...] O florescimento de uma intimidade mais profunda, em um plano inteiramente diferente da mera descoberta psicológica, uma nova identidade paradoxal que apenas é encontrada na perda do ego". O ego a ser perdido é o ego obstinado, e nossa "identidade profunda", aquela consciência pura que é irredutível a qualquer definição naturalística ou metafísica. A conversão cristã, para Merton, é uma mudança em nosso relacionamento com nós mesmos, com os outros e com as categorias pelas quais apreendemos o mundo – não é apenas uma mudança em nossos sistemas de crenças. A contemplação, por requerer uma nova noção do ego, é, portanto, um pré-requisito para a fé, e a fé um pré-requisito para a vida em Cristo.

Isso não é fácil de ser aceito por mentes modernas porque, por estarem tão imbuídas da noção de que a verdade é possível apenas através da experimentação científica, é um choque para elas considerar a possibilidade de que suas experiências de si mesmas são o produto ilusório de um conjunto complexo de instituições sociais e acordos filosóficos, que nós, como cultura, esquecemos de ter feito. Porém, uma vez que esses "acordos" modernos têm sido revelados e todo o contexto sócio-histórico de nossas ciências experimentais tem se tornado conhecido, então todas as destituições modernas da "religião" tradicional sucumbem. E então se torna claro – como Thomas Merton compreendeu e Bruno Latour articulou explicitamente – que "nunca estivemos livres da religião precisamente porque nunca fomos modernos!"

A contemplação não é uma coisa, e nem sequer uma prática, está mais para uma capacidade humana universal que alguém reconhece em si mesmo, presta atenção e, ao fazê-lo, a recebe e a desenvolve: ela existia antes da civilização chegar e tem sobrevivido à nossa era tecnológica. Mas, dado nosso acordo moderno de duvidar de tudo que não tenha sido "purificado" de sua natureza híbrida, a contemplação tem um *status* intelectual questionável – parcialmente acessível ao pensamento, parcialmente oculta, menos uma capacidade humana inata e mais um mito.

Isso, obviamente, não é um problema sob um ponto de vista não moderno, mas é profundamente perturbador a um moderno. Pois sugere que não viemos a este mundo nem inteiramente socialmente constituídos, nem inteiramente biologicamente determinados, mas trilhando as nuvens do interser viemos de um Deus inominável que é o nosso lar – híbridos culturais/naturais, um e todos, emergindo juntos em um objetivo parcialmente imaginado e parcialmente objetivo no espaço-tempo contínuo – parte sendo/parte se tornando, parte humano/parte divino.

Talvez, a principal razão pela qual o trabalho de Thomas Merton continue exercendo tamanho impacto global seja o fato de que ele reaqueceu o mundo pós-guerra com uma forma de cristianismo não baseada em dogmas religiosos concebidos por crentes modernos, mas sob a nossa capacidade não moderna universal para a contemplação. Sob essa luz, as doutrinas do cristianismo não são vistas como fatos que exigem verificação empírica, como híbridos objetivos/interpretativos (parcialmente absolutos, parcialmente contingentes).

Søren Kierkegaard certa vez definiu o apóstolo cristão em oposição ao gênio artístico. "O gênio" – ele escreveu – "tem apenas uma teleologia imanente", enquanto que o apóstolo está "absolutamente, paradoxalmente colocado" (*Present Age*, p. 105). Genialidade, em outras palavras, assim como a Modernidade, é o complemento do potencial humano e se expressa em trabalhos que terminam em si mesmos – obras-primas. E essas obras-primas definem o que a cultura considera ser verdadeiro e definitivamente humano. Mas apóstolos – como Merton – não são gênios. Eles existem em um relacionamento paradoxal ao empreendimento humano. Para eles, a própria cultura – mesmo em sua forma mais elevada – é sempre suspeita.

Apóstolos são contradições à humanidade como um fim em si mesma – apontando para além da realização, além da história, além mesmo da própria vida em si, para um fim ainda inimaginável, algum mistério que o próprio Deus prefere não revelar. Thomas Merton era um apóstolo, não um gênio. Ele não escreveu poemas atemporais, nem obras-primas de teologia. Escrevendo em uma série de gêneros e formas híbridas, ele expôs as meias-verdades aceitas por seus conterrâneos, sua Igreja, e o mundo em geral. Ele era absolutamente um dissidente e um rebelde metafísico, cuja principal contribuição à vida cotidiana foi expor as pretensões dessa mesma vida cotidiana, ao banhá-las na luz de uma revelação superior.

Ele levantou questões contra as respostas fáceis, preferindo experiências inefáveis à doutrina articulada, *kenose* ao positivismo, rebelião à complacência, um coração partido ao orgulho, e a via negativa à teologia dogmática. Ele nunca pretendeu que suas ideias fossem absorvidas em uma doutrina ou codificadas em quaisquer novas leis, regulação, organização ou escola de oração. De fato, a própria ideia de um "mertonismo" lhe dava calafrios. Um apóstolo cristão até o fim, seu *telos* sempre foi maior do que a capacidade de sua própria imaginação de concebê-lo e sua audiência nunca fora meramente humana. Ele nunca foi um crítico da ortodoxia cristã – mas foi um crítico daqueles que tentavam adaptá-la para que se encaixasse dentro do dogma do modernismo.

E assim, não deveria nos surpreender que a cristologia de Merton – até os dias de hoje – nunca satisfizesse completamente nem a ala liberal, nem a ala conservadora da Igreja. O Cristo de Merton não é nem um significado livre e flutuante e nem um Absoluto transcendental, mas ambos e nenhum ao mesmo tempo. Deus e o homem, o meio e a mensagem: o derradeiro desafio não moderno a um mundo estreitamente focado nas distinções conceituais e luta ideológica.

Considerem, por exemplo, a explicação de Merton sobre Cristo, conforme ele a articulou em *Novas sementes da contemplação*, publicado em 1962. "O Espírito de Deus", ele escreve, "deve nos ensinar quem é Cristo e formar Cristo em nós e nos transformar em outros Cristos [...]. Portanto, se você quer ter em seu coração as afeições e disposições de Cristo na terra, não consulte sua imaginação, mas sua fé. Entre na escuridão da renúncia interior, estirpe sua alma de imagens e deixe o próprio Cristo [entrar] dentro [de] você pela sua cruz"[114].

Aqui, em nenhum lugar existe qualquer tentativa de definir "Cristo" em seus aspectos metafísicos, nem enquanto figura histórica. Nenhuma tentativa de purificação conceitual ou verificação empírica. Essa não é uma descrição naturalística ou um argumento filosófico. Em vez disso, Merton descreve Cristo como uma realidade interior e exterior complexa, que se desdobra, que existe dentro e através do interser dos crentes. Cristo é tanto um fato histórico quanto um mistério insondável – como todos os outros híbridos irredutíveis no universo. E se tentarmos defini-lo usando termos emprestados de qualquer uma de nossas disciplinas modernas, perdemos a boa-nova de que a própria Modernidade é um meio falho para compreender a existência humana.

O método de Merton – se pudermos chamá-lo assim – busca superar as divisões conceituais por meio de uma sensibilidade mais inclusiva. "Se pudesse unir em mim mesmo", ele famosamente disse, "o pensamento e a devoção do cristianismo oriental e ocidental, os pais gregos e latinos, os místicos russos e espanhóis, eu poderia preparar em mim mesmo a reunião dos cristãos divididos. A partir desse segredo e da unidade não falada em mim, poderia eventualmente advir uma visível e manifesta unidade de todos os cristãos. *Se quisermos juntar o que está dividido, nós não podemos fazê-lo ao impor uma divisão sobre a outra. Se fizermos isso, a união não é cristã. É política e condenada a mais conflitos. Devemos conter todos os mundos divididos em nós mesmos e transcendê-los em Cristo.*" Posteriormente, ele estenderia essa aproximação para incluir outras religiões também – especialmente o budismo.

Essa aproximação inclusiva não moderna – não relativiza ideias religiosas como perspectivas diferentes do mesmo mistério divino, mas – pegando emprestada outra frase de Bruno Latour – as relativiza relativamente. Ou seja, Merton interpreta outras religiões em relação umas com as outras – não contra algum absoluto independente. Cada uma permanece parcialmente revelada e parcialmente oculta uma à outra – cada uma sendo uma expressão de anseio pelo divino dentro de sua história única – cada uma em seu próprio relacionamento com a Modernidade e, portanto, cada uma com sua relação própria e singular uma com a outra.

O diálogo inter-religioso é, portanto, uma arte de tradução, explicando uma forma híbrida em termos que fazem sentido à outra forma híbrida. Mas se nós insistirmos em "sermos modernos" e tentarmos purificar nosso conhecimento sobre cada sistema religioso ao ajustá-los contra alguma barreira objetiva ou "objeto-Deus" perdido, nunca compreenderemos existencialmente qualquer um deles. Pois não existem fatos separados de valores, apenas composições interpretativas de fato-valor. Não nós contra eles, não mundo moderno separado de um mundo pré-moderno, não simples identidades nem distinções independentes do campo no qual elas existem, de modo que existem apenas atos de identificação e atos de distinção em um mundo que está perpetuamente renegociando, reconstruindo e redefinindo a si mesmo.

A linguagem, aqui, soa abstrata – até mesmo mística – mas os conceitos não são. Na verdade, eles fazem perfeito sentido. E mesmo assim, o próprio Merton tornou-se controverso quando tratou de nos lembrar que toda essa ordem contemplativa não moderna – o não dual, a ordem híbrida descrita pelos profetas, poetas, místicos, monges, escritores existenciais e os cientistas laboratoriais de ponta – realmente existe. De fato, ela permanece perante nós – em grande parte não vista.

Entretanto, independentemente do quão empiricamente "verificadas" nossas divisões políticas e culturais modernas possam parecer, existe outra ordem – mais universal – separada dessa. E o quanto antes reconhecermos isso – o quanto antes o vivenciarmos – mais cedo deixaremos de nos conceber como mentes gerenciando corpos, e corpos dominando a natureza, e nos tornaremos coabitantes da terra, unidos novamente mais por nossas religiões do que pelas guerras realizadas em seus nomes. E então – em vez de uma pluralidade de nações-estado competidoras buscando poder e controle sobre a "natureza" – veremos a nós mesmos como uma coleção de múltiplas "culturas-natureza" – todas operando sob as mesmas leis universais, antropológicas, biológicas e éticas.

Thomas Merton não foi, de modo algum, o primeiro ou o único místico a desafiar as premissas divisionistas do mundo moderno – nem foi, necessariamente, sequer o mais profundo. Karl Rahner e Paul Tillich foram grandes teólogos. Dietrich Bonhoeffer, Edith Stein e Oscar Romero foram grandes profetas. Madre Teresa, mais santa. Dorothy Day e Martin Luther King mais politicamente engajados.

A única contribuição de Merton para nosso tempo – seu verdadeiro legado radical – é de que ele permanece igual – se não acima – de todas essas figuras como um *escritor* – algo que ele mesmo reconheceu em 1961, quando escreveu no prefácio de *The Thomas Merton Reader*, "É possível duvidar do motivo pelo qual me tornei um monge (uma dúvida com a qual tenho que conviver), mas não é possível duvidar de que sou um escritor, de que nasci escritor e de que provavelmente morrerei como escritor. Por mais desconcertante e desedificante que seja, essa parece ser minha parte e minha vocação".

Sua vocação de escritor é desconcertante e desedificante para Merton porque escrever, para ele, era uma espécie de confissão pública de sua própria humanidade compartilhada e necessidade de misericórdia em um mundo confundido por sua própria agenda purista modernista.

Em seu prefácio para a tradução japonesa de *A montanha dos sete patamares*, publicada em 1967, Merton descreve dessa forma seus objetivos como escritor: "Não é um autor que fala com vocês, não é um contador de histórias, não é um filósofo, não é apenas um amigo: busco falar com você, de alguma maneira, como você mesmo. Quem sabe dizer o que isso significa? Eu mesmo não sei. Mas se você ouvir, coisas serão ditas que talvez não estejam escritas nesse livro. E isso não se deve a mim, mas Àquele que vive e fala em ambos" (HR 67).

Considerando que a Modernidade tem remasterizado os termos pelos quais o cristianismo contemporâneo veio a compreender a si mesmo, Merton teve de encontrar seu caminho por meio de paradoxos para revelar o cristianismo como uma religião contemplativa para um mundo não contemplativo. E para fazê-lo, ele teve de inventar uma nova maneira de falar sobre religião, que resgatou suas premissas não modernas de seu atual oblívio intelectual.

Thomas Merton foi – nesse aspecto – claramente não um conservador antimoderno, nem um progressista pós-moderno, nem um "tradicionalista", nem um "radical" político, nem um tomista, nem um existencialista. Ele foi um defensor moderno da compreensão mística de Deus conforme expresso no Catolicismo Romano e por meio dele, e ao longo da ampla variedade das religiões contemplativas do mundo. Como um apóstolo cristão, ele viveu independentemente de – e em oposição aos – predominantes regimes da verdade que governam o mundo. Ou, nas palavras de Søren Kierkegaard, ele buscou articular a vida como apóstolo cristão "colocado absolutamente, paradoxalmente e teleologicamente".

Em outras palavras, Merton foi um dissidente absoluto e um metafísico rebelde em uma era de "verdadeiros fiéis", e sua principal contribuição para a vida diária foi banhar essas pretensões na luz de uma fé mais inclusiva. Essas pretensões modernas – graças a Bruno Latour e outros historiadores intelectuais contemporâneos – agora permanecem reveladas como derivação de nossa "crença" moderna na possibilidade de uma pesquisa científica "puramente" objetiva, independente de uma ordem política "puramente" subjetiva. Nenhuma dessas coisas é possível, e mesmo se a tentativa de "fazê-las verdadeiras" tenha abastecido o progresso tecnológico, isso foi feito às custas de nos cegar das verdades das religiões, gerando confusão cultural geral e desespero moral.

Assim que Merton enxergou além de seu falso ego moderno, seu singular chamado como um escritor contemplativo de vanguarda nasceu. Ele desistiu de aspirar a ser um novelista joyceano para se tornar algo que o mundo ainda não vira: um monge joyceano neomoderno. Só que, diferentemente de Joyce, Merton buscou moldar nas forjas de sua alma a consciência já existente de sua raça, que havia temporariamente perdido sua voz e idioma contemporâneo. Merton sabia que, para reanimar a voz, ele tinha que demonstrar como os conceitos tradicionais cristãos de divindade, graça e misericórdia foram obscurecidos e distorcidos pelas preocupações epistemológicas e distinções que ele próprio tinha como garantidas. Felizmente, ele tinha amigos e professores na Colúmbia para ajudá-lo a superar essas confusões e, eventualmente, os escritos de Cassiano e os Padres do Deserto, São João da Cruz, e Dorothy Day para apontar a uma cultura autenticamente contemplativa.

Nesse aspecto, Merton se tornou uma espécie de Stephen Daedalus ao inverso: enquanto Stephen tentou modernizar Aquino, Merton tentou reespiritualizar os modernos – enquanto Stephen buscou despertar do pesadelo da história, Merton tinha a crença de que já havíamos despertado uma vez, e logo caímos em um transe modernista. Enquanto Stephen buscava moldar na forja de sua alma a consciência não criada de sua raça, para Merton, nossa consciência nunca esteve perdida, meramente mal nomeada e mal colocada. Permanece intacta – universal –, nos conectando solidamente uns aos outros e a um Deus que não podemos ver enquanto nossas mentes estiverem enfeitiçadas pela Modernidade. "Meus caros irmãos, nós já somos um. Mas pensamos que não somos. E o que temos de recuperar é a nossa unidade original. O que temos de ser é o que somos."

Em seu ensaio "Is the World a Problem?" (*Commonweal*, 1966), Merton descreve seu trabalho como escritor dessa maneira:

> Esta não é a voz oficial do silêncio trapista [...]. Esta é simplesmente a voz de um humano autoquestionador que, assim como todos seus irmãos, luta para lidar com a existência turbulenta, misteriosa, exigente, excitante, frustrante e confusa na qual quase nada é realmente previsível, na qual a maioria das definições, explicações e justificativas se torna incrível mesmo antes que seja pronunciada, no qual as pessoas sofrem juntas e às vezes são profundamente belas, às vezes impossivelmente patéticas. Nisso existe muito que é assustador, e muito que é, ao mesmo tempo um campo enorme de autenticidade pessoal que está bem ali, e é tão óbvio que ninguém pode falar sobre isso e a maioria nem pode crer que esteja ali.

Thomas Merton iniciou sua carreira como um poeta de vanguarda e um novelista, que depois desenvolveu uma nova personalidade por meio de sua arte, o que, no final, permitiu que ele transcendesse o modernismo – e no processo de escrever sobre como veio a enxergar através das ilusões filosóficas de sua época, ele redescobriu um catolicismo contemplativo emancipatório, que o colocou gradativamente em conflito com as hierarquias, instituições e macronarrativas.

Quando o Papa Paulo VI lhe pediu para escrever uma declaração do Sínodo dos Bispos sobre a Natureza da Contemplação, Merton escreveu para a direção da Ordem Trapista: "Fiquei muito constrangido com o pedido do Santo Pai. Ele nos deixa em uma situação difícil. Não somos especialistas em nada. Existem poucos contemplativos verdadeiros em nossos mosteiros. Não sabemos nada sobre aviação espiritual e seria o primeiro dever da honestidade admitir francamente o fato, e acrescentar que não falamos a linguagem do homem moderno" (SM 422). "Portanto, o que escrevo aqui, escrevo apenas de um pecador a outro pecador, e em nenhum aspecto falo oficialmente pela ordem monástica com todas as suas vantagens, prestígio e tradição" (SM 423).

Admitindo que quando se juntou à ordem ele tinha respostas, mas que agora tinha apenas dúvidas mais profundas, Merton dirigiu-se diretamente a seus irmãos e irmãs "modernos", admitindo que a língua da fé não acompanhava a experiência contemporânea, de modo que seus contemporâneos "não sabem se por trás da palavra 'cruz' está a experiência de misericórdia e salvação ou apenas a ameaça de punição". "Posso apenas lhes dizer", ele diz, "que vivenciei a cruz como mistério, e não crueldade, verdade, e não decepção".

E então ele oferece esse estonteante contraste entre nossa visão de mundo moderno e seu foco contemplativo na religião:

> Pode um homem honestamente dar sentido à sua vida meramente adotando um certo conjunto de explicações que fingem lhe explicar por que o mundo começou e onde terminará, por que existe o mal e o que é necessário para uma vida boa?
>
> Tentar resolver esse problema de Deus é tentar ver os próprios olhos. Ninguém pode ver os próprios olhos porque eles são aqueles com os quais vemos, e Deus é a luz pela qual vemos isso – pela qual não vemos um "objeto" definido chamado Deus, mas tudo o mais naquele que é invisível. Deus é, então, o que vê, a vista e o que é visto. O próprio Deus busca a si mesmo em nós, e a aridez e pesar de nosso coração é o pesar de Deus que não é conhecido por nós, que ainda não pode encontrar-se em nós porque não ousamos crer ou confiar na incrível verdade que Ele possa viver em nós, e viver em nós por escolha, por preferência [...]. É o amor de meu amante, meu filho ou meu irmão que me permite mostrar Deus nele ou nela. O amor é epifania de Deus em nossa pobreza (SM 425-426).

Não se sabe exatamente o que admirar mais aqui – o senso de humor, a ternura, o acúmen psicológico, o alcance espiritual, ou a perspectiva histórico-mundial. É, obviamente, a síntese de todas essas coisas que fazem de Merton um pensador tão original.

"Se existe um 'problema' para o cristianismo hoje", ele escreve, "é o problema da identificação da 'Cristandade' com certas formas de cultura e sociedade, certas estruturas políticas e sociais que por mil e quinhentos anos têm dominado a Europa e o Ocidente. Os primeiros monges eram homens que, já no século IV, começaram a protestar contra essa identificação como uma falsidade e uma servidão. Mil e quinhentos anos de Cristandade ocidental, a despeito de certas realizações definitivas, não têm sido uma glória inequívoca.

Chegou a hora de se realizar o julgamento dessa história. Posso me regozijar com esse fato, acreditando que o julgamento será uma libertação da fé cristã da servidão e do envolvimento nas estruturas do mundo secular (HR 66).

Na época da morte de Merton, as plenas implicações de seu projeto teológico radical estavam apenas começando a se revelar, mas nunca foram totalmente desenvolvidas, devido a uma variedade de implicações culturais e políticas, tanto dentro quanto fora da Igreja. Ao longo dos últimos cinquenta anos, os estudiosos de Merton têm ressaltado a ação heroica, se não de retaguarda, de preservar a integridade da restauração de Merton como um místico cristão não moderno contra inúmeras tentativas reacionárias de se apropriar indevidamente do seu trabalho.

E, surpreendentemente, é o autoproclamado cristão ateísta Slavoj Zizek que nos providencia uma narrativa de um mestre moderno que chega muito perto de descrever o que Thomas Merton realizou.

"Um mestre verdadeiro", Zizek nos diz, "não é um agente de disciplina e proibição, sua mensagem não é 'Você não pode!', e 'Você tem que...!', mas um 'Você pode!' libertador – (você pode) o quê? Fazer o impossível, a saber, o que parece impossível dentro das coordenadas da constelação existente – e, hoje, isso significa algo muito preciso: *vocês podem pensar além do capitalismo e da democracia liberal como os trabalhos definitivos de suas vidas.* Um mestre é um mediador que se desvanece ao dar você de volta para você mesmo, que lhe entrega o abismo de sua liberdade: quando ouvimos um líder verdadeiro, descobrimos o que queremos (ou, em vez disso, o que sempre quisemos sem saber). Um mestre é necessário porque não podemos acessar nossa liberdade diretamente – para ganhar acesso, temos que ser empurrados de fora, uma vez que nosso 'estado natural' é o de hedonismo inerte [...]. Temos que ser impelidos ou perturbados para a liberdade por um mestre" (ZIZEK, S. *Absolute Recoil*. Londres: Verso, 2014, p. 44-45).

Ao despertar de seu próprio sono dogmático, Merton chama todos para despertar do transe cultural da Modernidade. Sua mensagem não é a de que todos devem se tornar místicos, mas, em vez disso, a de que nenhum de nós jamais foi meramente moderno. Portanto, podemos abrir nossas mentes para as tradições religiosas e ainda pensarmos por nós mesmos, e até mesmo pensar contra nós mesmos, podemos interrogar os dogmas do modernismo e do pós-modernismo e ainda abranger o futuro, acreditar em Deus e encontrar sabedoria e conforto na tradição contemplativa do passado e, talvez, inclusive dentro da própria Igreja. É possível ver São João da Cruz com novos olhos, orar silenciosamente com confiança renovada e encontrar liberdade na Igreja monástica singular que cada um de nós possui dentro das profundezas de nossos corações.

Mas o legado radical de Merton penetra ainda mais profundamente do que isso. Em uma carta a Jim Forest, membro do Catholic Worker e ativista da paz, ele escreveu: "A verdadeira esperança não é em algo que pensamos que podemos fazer, mas em Deus, que está fazendo algo bom com isso de uma maneira que não podemos ver. Se fizermos sua vontade, Ele ajudará nesse processo. Mas não necessariamente saberemos tudo de antemão" (*Living in Wisdom*, p. 12). Merton, então, assegura aos fiéis que o bem pelo qual eles se sacrificam não é algum projeto histórico frágil, que pode ou não ser bem-sucedido, mas uma realidade inabalável que nunca pode ser derrotada porque está além da compreensão humana. Pode ser que não exista nenhuma mensagem mais radical do que essa, mas é necessário que um escritor a transmita – um místico/poeta/apóstolo.

Deixem-me terminar com um excerto da tradução de Merton de um poema de Fernando Pessoa, intitulado O Guardador de Rebanhos, que ilustra esse ponto de vista.

> "Eu não tenho filosofia", nos diz o poeta. "Tenho sentidos... / se falo na natureza não é porque saiba o que ela é, / Mas porque a amo, e amo-a por isso / Porque quem ama nunca sabe o que ama / Nem sabe por que ama, nem o que é amar... / Amar é a eterna inocência, / E a única inocência é não pensar."

O que ele quer dizer com não pensar? Bem, ele quer dizer "não pensar" dentro dos protocolos do transe cultural moderno; ele quer dizer "não pensar" de uma maneira que transforma em fetiche a separação de fatos e valores, e de uma pessoa da outra. Merton encontra em Pessoa um poeta contemporâneo, contemplativo como ele mesmo, carregando o legado radical da solidariedade humana não moderna.

Thomas Merton e uma parceria fascinante com os Padres da Igreja

Scott D. Moringiello*

Uma breve história da ligação de família com Thomas Merton

O avô de minha esposa é William Theodore De Bary, um estudioso do neoconfucionismo que fez um grande trabalho ao trazer as tradições da Ásia Oriental ao mundo dos falantes de inglês. O Professor De Bary foi aluno de graduação e pós-graduação da Universidade Columbia em Nova York, e tem ensinado lá desde os anos de 1950. Quando eu e minha esposa estávamos no início do namoro, ela me levou para conhecer seus avós. Assim como para muitos de nós, *A montanha de sete patamares* de Merton tinha um grande significado para mim, e eu imaginei que ele e o Professor De Bary estivessem em Columbia na mesma época. Dado o interesse de Merton e a perícia de Bary na tradição filosófica e "religiosa" da Ásia Oriental, achei que mencionar Merton para De Bary seria uma boa maneira de iniciar uma conversa.

Eu estava errado. Acontece que Thomas Merton havia tido uma pequena paixão pela Sra. De Bary. Então vocês podem imagi-

---

* Professor de Liberal Arts da DePaul University (Chicago). Doutor em Catholic Studies pela University of Notre Dame.

nar que o Professor De Bary não estava particularmente interessado em conversar sobre Merton. Os avós de minha esposa nos contaram que Merton, de fato, menciona em algum lugar, em seus escritos, que ele e Ed Rice foram a Long Island para ver as garotas "levianas" de Brett. (Nós não conseguimos encontrar a referência. Ao descrever vovó como "leviana", Merton não cativou a nossa família!) Contudo, devo observar que William Theodore de Bary escreveu um excelente artigo na revista *First Things* a respeito da apreciação de Thomas Merton pelo confucionismo – ou, mais especificamente, como o confucionismo era um ponto cego no próprio pensamento de Merton.

O ponto que De Bary aborda a respeito de Merton se relaciona diretamente ao ponto que eu quero abordar hoje. Apesar de Thomas Merton ser profundamente erudito, ele não era um acadêmico conforme entendemos o termo. Uma das marcas do trabalho acadêmico é, obviamente, que tenha certo distanciamento, que não é o mesmo que sem paixão. Nós não esperamos que historiadores que estudam a história dos Estados Unidos sejam americanos. Nem tampouco esperamos que estudiosos do monasticismo sejam monges. Nós esperamos que os acadêmicos estejam interessados em buscar a verdade em seus assuntos, mesmo que não esperemos que seu academicismo transforme suas vidas. Na verdade, perguntar a um acadêmico como seu trabalho transformou sua vida seria, na maioria dos contextos, uma pergunta inapropriada.

De fato, vemos no discurso de Merton sobre Clemente de Alexandria e sobre os Padres do Deserto que seu método básico para se aproximar dos Padres não foi o academicismo, mas a oração. No início de sua tradução dos Padres do Deserto, ele escreve: "Essa coleção de dizeres do *Verba Seniorum* não pretende ser um artigo de pesquisa acadêmica. Ao contrário, é uma redação livre e formal de histórias escolhidas aqui e ali, entre as várias versões originais em latim, sem ordem ou sem identificação de qualquer fonte em particular. O livro é inteiramente concebido para o interesse e a edificação do leitor". Eu me pergunto se "interesse e edificação" não é muito defensivo. Não são todos os livros concebidos para o interesse e edificação do leitor? E os cristãos não foram aos Padres pela mesma razão pela qual foram às Escrituras, isto é, para encontrar a Palavra de Deus?

Para os primeiros escritores cristãos, a questão mais importante que eles poderiam se perguntar era como a leitura da Bíblia transformara suas vidas. Se a economia da salvação, a história do amor de Deus encontrada nas Escrituras, não transforma a vida de alguém, então – como os antigos cristãos acreditavam – o leitor estava lendo a Bíblia de maneira errada. Assim, os primeiros cristãos – aqueles a quem nós afetuosamente chamamos de Padres da Igreja – estavam interessados em transmitir os ensinamentos das Escrituras. Estavam especialmente interessados em ajudar seu público a compreender que o único jeito para as Escrituras transformarem seus leitores seria se os leitores tivessem a imagem correta de Deus, da criação, de Cristo e da obra do Espírito.

É claro, o principal meio para essa transformação humana era a oração. É impossível pensar nos primeiros grandes escritores cristãos dos primeiros séculos da Igreja vendo suas vidas de oração separadas de suas leituras e interpretações das Escrituras. E a vida do pregador estava contida na vida litúrgica da comunidade da Igreja, cujo trabalho era passar adiante a interpretação apropriada das Escrituras.

Na América do Norte, nós estamos acostumados a falar sobre Thomas Merton como um "mestre espiritual". Concordo com esse sentimento, mas gostaria de ser um pouco mais específico – e, de fato, um pouco mais escritural – do que isso. Quero dizer que Merton era um exemplo do "homem espiritual" de que São Paulo fala em 1Cor 2,15. E quando afirmo isso, sigo Irineu de Lyon ao dizer que o "homem espiritual" é aquele que é o próprio intérprete da Escritura que vê a si mesmo como parte da economia da salvação que as Escrituras recontam e que a Igreja vive.

Hoje quero argumentar que Thomas Merton mostra sua maestria espiritual, em parte, pela maneira como lê e interpreta os Padres da Igreja. Assim como o homem espiritual de 1Cor 2,15 vê a si mesmo como parte da economia da salvação conforme recontado nas Escrituras, Merton vê os Padres da Igreja como companheiros peregrinos e guias prestativos em sua jornada rumo a Deus. Os Padres foram transformados por suas leituras das Escrituras e Merton quer aprender com essa transformação, para que ele também possa ser transformado pelo amor de Deus.

Hoje minha tese é simples de formular. Thomas Merton aprendeu com os Padres da Igreja que ser um mestre espiritual é *ter o conhecimento da economia da salvação*. Quero examinar essa frase – conhecimento da economia da salvação – examinando cada uma de suas três palavras principais. Devo deixar claro, aqui, que a forma pela qual estou elaborando essa tese não é uma citação direta do próprio Merton. Além disso, este meu trabalho é tão construtivo quanto exegético. Em qualquer evento, duvido que ele classificasse a si mesmo como mestre espiritual; ainda que certamente se visse como discípulo dos Padres, penso que ele hesitaria em se considerar no mesmo patamar que eles.

Examinarei os livros de Merton ao expor o meu ponto de vista. Em primeiro lugar, discutirei a introdução à sua tradução parcial de *Protreptikos,* de Clemente de Alexandria. Segundo, endereçarei sua introdução à Encíclica *Doctor Mellifluus*, sobre São Bernardo de Claraval. E, terceiro, verei as introduções a suas traduções dos dizeres dos Padres do Deserto. Cada um desses textos vai focar em uma das três chaves principais em minha tese, ou seja, em Clemente, Merton enfatiza a importância do conhecimento. Em Bernardo, ele nos ajuda a ver a economia do amor de Deus. E por fim, nos Padres do Deserto, Merton enfatiza o que implica a salvação.

Sem dúvida, tudo isso não é muito claro, então espero que vocês me acompanhem enquanto explico meus argumentos.

Inicio com a maneira como Merton lida com Clemente de Alexandria. Em 1962, Merton publicou um ensaio e seções traduzidas do tratado de Clemente, o *Protreptikos*. Clemente foi o grande professor de Alexandria no final do século II e início do III. Ele combatia o ensinamento "herético" de Valentinus e os chamados gnósticos, defendendo um entendimento apropriado de uma "gnose cristã". Clemente estava especialmente interessado em ver o cristianismo como uma filosofia por si mesma, uma filosofia que poderia – e deveria – tomar emprestado de outras fontes em sua busca pela verdade.

Além disso, para Clemente – e, por extensão, para Merton – o verdadeiro *conhecimento* cristão sempre olhou para fora. Toda a criação era uma fonte para o conhecimento de Deus. Conforme ele escreve:

> Sua doutrina está cheia da luz interior serena que brilha através do Evangelho de São João e das epístolas Paulinas aquela luz que queimou claramente nas almas dos mártires, instigados pelo *Ágape* da Igreja primitiva. Aqui está o verdadeiro otimismo cristão, um amor pela vida desapegada e eterna, uma compreensão de que o homem entrou, com a ascensão de Cristo, na "participação da natureza divina" (2Pd 1,4) e realmente se tornou um filho de Deus (1).

É precisamente pelo cristianismo ter entrado na "participação da natureza divina" que ele pode ver as sementes do Evangelho (para tomar emprestada uma frase de Justino Mártir) ao longo das muitas e variadas tradições que encontrou. Merton toca nesse ponto com mais força quando escreve:

> Ele tinha a noção triunfante de vitória que é autêntica e perfeitamente cristã: uma vitória sobre a morte, sobre o pecado, sobre as confissões e dissensões desse mundo, com sua crueldade terrível e preocupações fúteis. Uma vitória que não leva ao desprezo do homem e do mundo, mas, ao contrário, leva a um amor verdadeiro, puro e sereno, cheio de compaixão, capaz de descobrir e "salvar" para Cristo tudo o que é bom e nobre no homem, na sociedade, na filosofia, e na cultura humanística (2).

É claro que, assim que leio essas palavras, penso na própria vida de Merton. De fato, seu carisma estava em trazer sua própria educação – que ele recebeu, entre outros lugares, na Universidade de Colúmbia – para lidar com questões centrais ao cristianismo. Deste modo Merton pode escrever:

> Esse era o clima no qual o grande trabalho de Clemente foi realizado: a exposição da fé cristã em termos compreensíveis ao mundo grego e romano. O trabalho foi possível porque Clemente não era um fanático, mas um homem de compreensão e compaixão que não cessava de buscar ele-

mentos da verdade onde quer que ela pudesse ser encontrada. Pois a verdade, ele disse, é uma. E, por consequência, sua expressão parcial e incompleta já é parte da grande unidade que todos nós desejamos. A expressão plena deve ser encontrada mais perfeitamente no Logos Divino, o Verbo Encarnado, Jesus Cristo (3).

Uma das razões pela qual celebramos Merton é porque ele tornou a fé cristã compreensível na América do Norte nas décadas após a Segunda Guerra Mundial. Talvez eu tenha exagerado aqui. A fé cristã era compreensível para muitas pessoas depois da Segunda Guerra Mundial, é claro, mas o carisma de Merton estava em trazer à tona sua própria erudição profunda, para ajudar muitas pessoas a verem que Cristo é a expressão plena de toda a verdade parcial ou incompleta.

Apesar do termo "gnosticismo" poder ser extremamente problemático (e eu verdadeiramente me recuso a julgar isso), fica claro que os problemas do gnosticismo perduraram bem depois dos dias de Clemente. Todos os cristãos devem querer o conhecimento, mas devem reconhecer de onde vem a sabedoria. Conforme escreve Merton, "Nós também devemos lembrar que a heresia gnóstica [...] era de fato um gnosticismo falso. Não há nada de errado ou não cristão na *gnosis theou* que o próprio Senhor delegou a seus discípulos (Jo 17,30)" (4). De fato, Merton vai além disso. Ele alega.

Essa é precisamente a "gnose" de Clemente e Irineu – uma apreensão viva do significado central e fundamental de toda a realidade e de toda a história à luz do mistério de Cristo. Tal apreensão não se deve a técnicas secretas e esotéricas, mas ao aprofundamento da compreensão cristã, não só da doutrina da Igreja, mas da própria Igreja como o Corpo de Cristo. A gnose é a experiência plena do Cristo revelado e vivendo em sua Igreja.

Dessa maneira podemos imaginar que o próprio Merton é o verdadeiro gnóstico, que é um outro jeito de dizer que Merton é como Clemente, aquele que tem o conhecimento da economia da salvação. Conforme Merton destaca em sua discussão sobre Clemente, "O gnóstico tem um dever dado por Deus de dividir seu conhecimento sobre a luz com os outros, mas ele tem que proceder de forma ordenada [...]. o ensinamento da gnose não é, pois, exposição científica, mas poesia, símbolos e, em certo sentido, 'sacramento'" (5).

Nós também ouvimos ecos de Merton quando escreve que Clemente foi "o primeiro a abraçar com todo o seu coração a nova e perigosa vocação de ensinar o cristianismo aos intelectuais e às pessoas da sociedade de uma grande cidade cosmopolita" (6). Merton viveu sua vocação como um monge em Kentucky, mas sua escrita atingiu os intelectuais e as pessoas da sociedade.

Considero que o que atrai Merton a Clemente é o reconhecimento de que Clemente ajuda Merton a compreender sua própria vocação. Como Merton ressalta, "Mas, 'em Cristo' [...] tudo é significativo, tudo vem à vida, mesmo a tarefa mais simples e ordinária adquire uma dimensão espiritual e supernatural. Entretanto, apenas o gnóstico é capaz de perceber isso por completo" (7-8). A verdadeira gnose cristã, aquela que contém o conhecimento da economia da salvação, sabe "que a cultura clássica é em si perecível, limitada e insatisfatória. Mas, batizada pela Luz divina, ela é transformada e elevada, para assumir seu lugar no esplendor do mundo renovado pelo mistério da encarnação" (9).

Esse foco em Cristo é absolutamente central em todos os escritos de Merton, especialmente em sua leitura dos Padres. É Cristo, no final das contas, a chave para compreender a economia da salvação. Todo conhecimento que os cristãos têm vem de uma educação cuja função "é despertar nossas almas para as faíscas da bondade nelas depositadas pelo Criador, e por meio desse despertar guiá-las à iluminação. O que é a iluminação? É o reconhecimento do Logos como o verdadeiro mestre: a habilidade de ouvi-lo, de obedecê-lo, de submeter-se inteiramente a seus ensinamentos" (10). Não consigo pensar em nenhuma descrição melhor da verdadeira gnose cristã, o verdadeiro homem espiritual, do que essa. Merton viu em Clemente alguém que se submeteu integralmente aos Seus ensinamentos, e esse ensinamento foi a recapitulação do amor de Deus pela humanidade.

Obviamente, esse é um tema central em Clemente, Bernardo e os Padres do Deserto. Permitam-me agora abordar a discussão de Merton sobre Bernardo de Claraval. Como eu havia mencionado, essa discussão aparece na introdução de Merton à Encíclica *Doctor Mellifluus*. Foquei na questão do conhecimento em minha discussão sobre Clemente, e agora, enquanto argumento sobre Bernardo, quero trazer o tema teológico crucial da economia. A palavra grega clássica *oikonomia* significa a lei (ou regra) da casa. Na Carta aos Efésios, lemos sobre a economia do plano de Deus para recapitular todas as coisas em Cristo (Ef 1,10). Além disso, onde o conhecimento pode ser tarefa de um indivíduo (apesar do indivíduo viver em comunidade), qualquer discussão sobre a economia deve envolver a comunidade (e, de fato, toda a criação).

Em uma bela passagem, Merton escreve,

> Os Padres da Igreja nos falam como "órgãos do Espírito Santo". Eles ensinam com um gênio sobrenaturalmente iluminado, "não segundo a linguagem ensinada pela sabedoria humana, mas segundo aquela que o Espírito ensina, exprimindo realidades espirituais em termos espirituais" (1Cor 2,13). Suas doutrinas penetram nas "coisas profundas de Deus" e examinam os mistérios da fé não meramente sob a luz da dialética humana, mas buscando muito mais a luz da caridade, que conhece Deus menos por "ver" e mais por sentir a própria substância de sua santidade. A doutrina dos Padres é algo além de uma ciência. É uma *sabedoria*, que ascende à sabedoria de Deus e das coisas de Deus na infinita riqueza do amor de Cristo (71).

Aqui, creio que é significativo o fato de Merton citar 1Cor 2. O ser humano espiritual deve estar em contato com o Espírito de Deus, e receber Sabedoria do Espírito. Essa sabedoria deve ser compartilhada. De fato, a "própria reputação [de Bernardo] como místico, um asceta, milagreiro e santo fez com que fosse impossível não se tornar um grande homem da igreja, um defensor da autoridade, da lei, do papado, um homem de Deus na política, um pregador das Cruzadas. Mais do que isso: seu espírito nunca poderia ser um de mera piedade individualista" (25). Aqui, Merton levanta um ponto importante não só sobre Bernardo, mas sobre todos os cristãos –

incluindo o próprio Merton. Conforme ressalta, "os pensamentos e atos e virtudes de um santo não são maravilhosos em si, mas devem ser *flashes* significativos vindos do obscuro mistério de Deus. O santo não representa a si mesmo ou seu tempo ou personalidade: ele é um sinal de Deus para sua própria geração e para as gerações por vir" (27). E assim, o modo como o cristão vive transforma a todos ao seu redor. Bernardo sabe, Merton nos conta, "que a autonegação é incompleta a não ser que leve a uma compreensão solidária dos outros, à mercê, à caridade, que o 'unguento' da compaixão fraternal é necessário para mostrar aos seus monges como é bom e agradável irmãos viverem juntos em unidade (Sl 132,1)" (32).

Esse viver junto em unidade parece estar em desacordo com a pregação de Bernardo pelas Cruzadas. E assim devemos apreciar que Merton, alguém que muito fez em seus escritos para avançar a paz terrena, não foge dessa parte da vida de Bernardo. "A Cruzada é o trabalho de Bernardo. A intensidade singular de seu idealismo religioso aparece aqui com toda a sua força e com toda a sua fraqueza: pois Bernardo prega com um sublime descaso da circunstância política [...]. Ele simplesmente deu por certo que todos abraçariam seus princípios religiosos conforme ele mesmo, e os pôs em prática de uma maneira digna de santos" (38-39). Para Merton, a promoção que Bernardo fez das Cruzadas e seus escritos sobre o Cântico dos Cânticos "está além da compreensão se nós imaginarmos que, para São Bernardo, a vida interior é puramente uma questão de união pessoal, subjetiva e individual com Deus. A vida interior é a vida de toda a Igreja, do Corpo Místico de Cristo, compartilhado com todos os membros daquele Corpo" (40-41). Outra maneira de dizer isso, claro, é que é impossível compreender Bernardo se acharmos que a economia da salvação é uma questão exclusivamente individual.

Por mais importante que o conhecimento seja – e Merton, seguindo Bernardo, certamente crê que é – a *gnosis theou* deve estar a serviço do amor de Deus, *ágape* em grego e *caritas* em latim. "A liberdade humana, auxiliada pelo poder do Espírito Santo, pode aspirar a muito mais do que uma mera contemplação intelectual de ideias eternas: isso, na mente de Bernardo, seria pouco melhor do que a frustração. Deus não permanece frio e distante, atraindo a alma, mas nunca se rendendo a ela. Ele tanto inicia quanto termina o trabalho da transformação da alma" (49). A transformação da alma é parte da economia da salvação. O Verbo não se tornou carne para que os seres humanos pudessem conhecer mais fatos sobre Deus. O Verbo se tornou carne para que os seres humanos pudessem entrar em um relacionamento amoroso com Deus. Como Merton observa em suas considerações a respeito de *Um tratado sobre o amor de Deus,* de Bernardo, "O amor a Deus não é meramente algo que possa ser encaixado de alguma maneira proveitosa na vida do homem. É toda a razão da existência do homem, e até que ame a Deus, o homem não começa a viver de verdade" (51). Como o Evangelho de João nos conta, Cristo veio para dar vida, e para dá-la em abundância.

O papel de Bernardo e Merton na economia da salvação está em tentar ajudar os cristãos a cooperarem com o amor de Deus. "O propósito de todo o seu ensinamento místico e ascético é nos mostrar como cooperar com a ação da graça divina para que a nossa redenção e regeneração não sejam letra morta, mas possam de fato influenciar toda a nossa conduta e encontrar expressão em cada parte de nossas vidas, até que cheguemos naquela união decisiva pela qual a vida em Cristo é aperfeiçoada em nossas almas" (58). E uma vez que a vida em Cristo é aperfeiçoada na alma humana, a vida e as ações são transformadas. Conforme Merton observa, "A doutrina de São Bernardo, apesar de tudo, flui diretamente dos Evangelhos, e essa é a razão pela qual ela é tão importante em nossa época de revolução e de guerra. Inspirados pela caridade divina, os homens podem praticar qualquer outra virtude com facilidade. Sem caridade, não há esperança de paz, de felicidade ou de qualquer outro bem verdadeiro: pois tudo isso vem apenas de Deus" (84). Esse é o motivo pelo qual os professores são tão importantes: eles nos ajudam a ver como viveram o amor de Deus em suas próprias vidas. Eles nos ajudam a ver como é uma vida vivida na economia da salvação. Merton quer que Bernardo (e Clemente, e os Padres do Deserto) sejam nossos professores, para que possamos cooperar com a graça divina.

Essa cooperação precisa ocorrer nesta vida. Nós recebemos a instrução sobre a graça agora, não depois. Aliás, todos nós estamos muito acostumados a falar sobre salvação em termos de outro mundo. Meus alunos frequentemente pensam na salvação como um plano celestial: se você fizer boas ações o suficiente durante sua vida, você será recompensado depois dela. A leitura de Merton, dos Padres do Deserto, nos lembra que a salvação é muito mais um assunto deste mundo, mesmo que signifique reconfigurar os relacionamentos nesse mundo. Conforme Merton adverte, os Padres "parecem ter duvidado que o cristianismo e a política pudessem se misturar tanto, a ponto de produzir uma sociedade plenamente cristã. Em outras palavras, para eles, a única sociedade cristã era espiritual e extramundana: o Corpo Místico de Cristo" (4). Mais uma vez, vemos como a leitura de Merton dos Padres do Deserto foca no próprio Cristo. Os Padres do Deserto – assim como Clemente e Bernardo – ajudam Merton a ver o Cristo devidamente. Ver o Cristo devidamente, por sua vez, é ver a economia da salvação e cooperar com a graça de Deus.

Merton enfatiza que a salvação que os Padres do Deserto buscavam quando deixavam as cidades não era "nem puramente negativa, nem puramente individualista" (4). Em vez disso, "Os Padres do Deserto se recusaram a ser comandados por homens, mas não tinham desejo algum de comandar os outros. Tampouco abdicaram do companheirismo humano – o próprio fato de terem pronunciado essas 'palavras' de conselho uns para os outros é uma prova de que eles eram eminentemente sociais. A sociedade que buscavam era uma na qual todos os homens fossem verdadeiramente iguais, onde a única autoridade abaixo de Deus fosse a autoridade carismática da sabedoria, da experiência e do amor" (5). O problema para os leitores atuais dos Padres – e isso vale tanto para os Padres do Deserto quanto para os outros – é que a compreensão de comunidade deles difere muito da nossa. Enquanto todos nós vivemos com algumas ilusões – como não poderíamos? – Merton repara que "O

Padre do Deserto não podia ousar ser um iluminista. Ele não podia ousar buscar apegar-se a seu próprio ego, ou ao êxtase perigoso da vontade própria [...]. Ele tinha de amar a si mesmo na realidade interior oculta de um ser que era transcendente, misterioso, parcialmente conhecido e perdido em Cristo" (7). E o fruto desse amor, Merton escreve, era o descanso eterno. Esse descanso "era simplesmente a santidade e equilíbrio de um ser que não mais necessita olhar para si, mesmo porque foi levado pela perfeição da liberdade que está contida nele" (8).

Encontramos essa liberdade nas palavras que os Padres do Deserto nos deixam. Por um lado, "as palavras e exemplos dos Padres do Deserto têm sido a tal ponto parte da tradição monástica que o tempo as transformou em estereótipos para nós, e nós não conseguimos mais perceber sua originalidade fabulosa" (10). Mesmo assim, se nos reorientarmos para perceber sua originalidade, para perceber sua conexão com o Evangelho, veremos que essas palavras "fluem de uma experiência de níveis mais profundos da vida". Elas "representam a descoberta do homem, em termos de uma jornada interna e espiritual, que é muito mais crucial e infinitamente mais importante do que qualquer jornada à lua" (11).

As palavras que os Padres do Deserto nos deixam podem "dizer pouco sobre Deus", mas isso "é porque eles sabem que quando alguém esteve em algum lugar próximo de sua morada, o silêncio faz mais sentido do que muitas palavras" (14). O que vemos nos Padres do Deserto, então, não são homens falando sobre amar a Deus, não são homens falando sobre como aceitar a salvação, mas homens que falam com o amor de Deus e falam tendo aceito a salvação. Os Padres do Deserto sabiam, "A própria essência da mensagem cristã é a caridade, a união em Cristo. Os místicos cristãos de todas as idades buscaram e encontraram não só a união de seu próprio ser, não só a união com Deus, mas a união de um com o outro no Espírito de Deus" (17). E por saberem disso, por reconhecerem sua união um com o outro no Espírito de Deus, "Em todo o *Verba Seniorum* encontramos uma insistência repetida na primazia do amor acima de qualquer outra coisa na vida espiritual: acima do conhecimento, gnose, asceticismo, contemplação, solidão, oração. O amor de fato *é* a vida espiritual, e sem ele, todas as outras expressões do espírito, embora elevadas, são vazias de conteúdo e se tornam meras ilusões" (17).

Quando alguém ama dessa maneira, o ordinário é transformado. Ou talvez seja melhor dizer que, quando alguém ama dessa maneira, o ordinário chega a sua realização. Merton observa: "Os santos do deserto eram inimigos de toda concepção sutil ou grosseira pela qual o 'homem espiritual' trama intimidar aqueles que ele considera inferiores a ele mesmo, assim gratificando seu próprio ego" (18). Aqui, Merton faz uma alusão ao homem espiritual de 1Cor 2,15: aquele que, conforme argumentei, conhece a economia do amor de Deus em Cristo. Dessa maneira Merton também luta contra certa dose de gnosticismo. O homem espiritual, aquele que ama verdadeiramente, não é um ser humano superior. "Os homens simples, que viveram suas vidas até uma idade bem avançada entre as pedras e a areia, só o fizeram porque tiveram de ir ao deserto para serem eles mesmos, seu eu *ordinário*, e esquecer um mundo que os apartou deles mesmos. Não pode haver outra razão válida para buscar a solidão ou deixar o mundo. Então, deixar o mundo é, de fato, ajudar a salvá-lo salvando a si mesmo" (23). A salvação não vem de fora do mundo, de alguma outra realidade celestial. A salvação vem por meio do mundo. Que, no final das contas, é a própria lógica da encarnação.

Dizer que essa salvação vem por meio do mundo é, em última análise, ser realista. Os Padres do Deserto não eram otimistas iludidos que achavam que podiam escapar do mundo. Nesse ponto – como em tantos outros pontos –, Clemente e Bernardo concordavam com eles. Assim como Merton. Ele não juntou todos esses dizeres sobre os Padres do Deserto por entender que podem responder a todas as dúvidas que as pessoas modernas têm. Nossas respostas não são suas respostas, mas a abordagem deles pode ajudar a moldar nossa abordagem. Merton é claro nesse ponto: "Não podemos fazer exatamente o que eles fizeram. Mas devemos ser retos e implacáveis em nossas determinações para quebrar todas as correntes espirituais e nos libertarmos do domínio das compulsões externas, para encontrarmos a nós mesmos, descobrirmos e desenvolvermos nossa inalienável liberdade espiritual e usá-la para construir, na terra, o Reino de Deus" (24). Devemos encontrar novos meios de nos libertar, novos meios de reconhecer a oferta do amor de Deus em Cristo por reconhecermos que também somos parte da economia da salvação. Conforme Merton conclui: "Que baste dizer que precisamos aprender desses homens do século IV como ignorar o preconceito, desafiar as compulsões e ir sem medo ao desconhecido" (24).

Às vezes me preocupo por sabermos menos hoje do que sabíamos quando Merton escreveu, há uns cinquenta anos. Por causa da nossa ignorância, precisamos, mais do que nunca, de maior número de bons professores. Devemos buscar os homens e mulheres espirituais dos nossos dias, que passarão a sabedoria da economia da salvação de Deus em seus ensinamentos e em suas vidas. Que eles possam nos ensinar a cooperar com a graça que pode transformar nossas vidas e nosso mundo.

Thomas Merton e os sentidos e percursos da contemplação

Sibélius Cefas Pereira*

Convergindo com vários estudos sobre Merton, venho ressaltando a multidimensionalidade, por assim dizer, da vida e obra de Merton. Expressões como "caleidoscópio", "radar", "bricolagem", "*patchwork*", seriam também boas metáforas para se definir esta faceta plural de Merton como um todo, e particularmente em relação a este texto. Dom Bernardo, abade do único Mosteiro Trapista no Brasil, hoje já uma figura imprescindível da cena religiosa brasileira no que diz respeito não só ao estudo, mas em relação à própria vivência da experiência contemplativa entre nós, chega a falar, de forma certeira e surpreendente, recorrendo à provocativa e fértil imagem dos modernistas brasileiros, num Merton antropofágico. O fato é que, sem dúvida, houve vários Mertons, cujas ricas e variadas facetas nunca se excluíram. Sendo assim, se é verdade que em meus estudos venho buscando o Merton da contemplação, o monge trapista contemplativo, é preciso não esquecer que todas as dimensões estão sempre presentes em seu particular *itinerarium* es-

---

* Professor do Departamento de Filosofia da Pontifícia Universidade Católica de Minas Gerais (PUCMinas). Doutor em Ciências da Religião pela Universidade Federal de Juiz de Fora (UFJF).

piritual. Venho ressaltando também a necessidade de algumas decisões hermenêuticas quanto ao modo de se ler uma obra táo variada e extensa.

E, neste sentido, tenho feito algumas escolhas. Em primeiro lugar, quanto ao tema da contemplaçáo não se fixar em um ou outro de seus textos, mas optar pela leitura de sua obra como um todo. E, quando digo sua obra como um todo, cada vez se reconhece mais a necessidade de se incluir seus diários e suas cartas no *corpus* mertoniano. Mais do que uma escolha epistemológica, trata-se mesmo do reconhecimento de que aí, e talvez só aí, sejam possíveis certas apreensóes e intuiçóes, portanto uma decisão hermenêutica e ética. Reafirmando contudo que, de qualquer forma, sua obra pública, seus grandes e consagrados livros continuam sendo as grandes referências. Mas é preciso lê-los e trazê-los em sua inteireza para os estudos. Não temer a recorrência constante e abundante ao próprio texto de Merton. É preciso trazer, sempre, a própria palavra do monge contemplativo, mais do que falar *sobre* Merton, um esforço permanente por falar *a partir de* Merton. Os textos de Merton, típicos de certas meditaçóes da mística que se ancoram em uma força própria, carregam em si mesmos um certo vigor que captura o leitor para seu próprio universo. Mas, mesmo aí, em textos mais contemplativos, havia de sua parte uma sintonia com a vida humana como um todo e com a sociedade de seu tempo em específico.

Sem qualquer dualismo, pode-se constatar ao menos dois momentos na vida de Merton. Uma experiência contemplativa encarnada no tempo e na história, já estava presente, sempre esteve presente, naquilo que se pode denominar a experiência contemplativa propriamente dita, como o mergulho no absoluto; e o mesmo acontecendo no sentido inverso, a saber, a experiência da solidão e do silêncio, da oração e da contemplação, contornava e irradiava por toda a sua inserção social, não apenas a impulsionando, como também lhe propiciando uma vigorosa espessura existencial. Não convém se falar de uma cronologia, no sentido linear. Se se toma, por exemplo, o tema do trabalho de cela, ou a poética ou o tema da oração, esses processos todos estavam ocorrendo simultaneamente a, por exemplo, sua expansão do universo cultural ou seu engajamento na luta pela paz ou pelos direitos civis. E o mesmo ocorrendo em relação a todos os seus diferentes interesses. Há uma inevitável inter-recorrência entre os temas, no próprio texto de Merton. Ao escrever sobre a solidão acabava sempre por tocar no tema do silêncio; o trabalho de cela também implicava uma experiência do silêncio, mas também da oração e assim por diante. O mesmo se dava em relação aos temas sociais quando, seja qual for o assunto em específico, uma reflexão mais de fundo, sobre a violência, por exemplo, sempre voltava à tona, e o mesmo ocorrendo com relação a outros assuntos. Diante de uma obra tão rica, entendemos ser legítimo e mesmo necessário assumir-se alguma arquitetura de sentido na leitura proposta, uma grelha sobre a qual se distribuir o material de pesquisa.

Tive oportunidade de propor uma leitura que passou pelos seguintes temas. Uma tentativa de articular a relação contemplação, escrita e vida. Abordar de forma mais direta e explícita o tema da contemplação, sobretudo a partir da grande obra de Merton sobre o tema, exatamente *Novas sementes de contemplação*, de 1961, explorando aí seus vários sentidos e o processo de construção e amadurecimento desta "categoria" em Merton. Ressalte-se a profunda imbricação do trajeto espiritual de Merton com a sua experiência com a palavra escrita. Se o étimo *texto* reporta-se ao tecer, nada mais verdadeiro do que reconhecer em Merton a plena tessitura de uma vida. Destacamos neste contexto o chamado trabalho de cela em Merton, uma impressionante e radical experiência humana e de fé que talvez seja a que melhor expresse o sentido da experiência contemplativa, como um momento particularmente pontual marcado pela escuridão da entrada no abismo do absoluto, mas também pela serenidade da alegria proporcionada por esse encontro.

Reconhecendo a impossibilidade de uma experiência religiosa, sobretudo se marcada pela radicalidade do que se reconhece como algo da ordem do místico, sem alguma forma humana de mediação, venho propondo alguns elementos que poderíamos reconhecer como mediadores de sua experiência contemplativa, que seriam – a tradição, o diálogo, a poética e a natureza –, não apenas reconhecidos por Merton, como, em nossa leitura, ocupando em sua trajetória papéis centrais. Merton escreveu sobre esses temas e procurou vivenciá-los.

Também venho propondo uma espécie de chave topológica de leitura, particularmente intensa, por onde se movimentava em uma espiritualidade que permeava todo o seu cotidiano, quatro lugares privilegiados em seu *itinerarium* contemplativo: a solidão, o silêncio, a oração e a simplicidade.

Quanto à sua inserção plena na realidade, o que venho denominando de experiência da contemplação no tempo e na história, não sinaliza uma outra espiritualidade, representa muito mais o outro lado de uma única e mesma experiência. Vale a pena destacar essa dimensão em separado apenas no sentido de demarcar com clareza e de forma indubitável o compromisso social de Merton, a perspectiva de uma espiritualidade profundamente enraizada na existência humana e nas dores do mundo. Uma experiência da contemplação, sempre vale a pena reafirmar, não como fuga do mundo e sim como experiência no tempo e comprometida com o histórico.

E qual é o tempo histórico vivido por Merton, vale a pena perguntar, em um século particularmente agudo e tenso. Um tempo que não cessou de endereçar seu apelo ao cristianismo e de convocá-lo para uma resposta minimamente pertinente. Merton foi um daqueles que, sendo amigo de Deus, entendia que isso implicava ser amigo das pessoas e, assim entendendo, engajou-se intensamente no esforço desta resposta espiritual à altura dos inquietantes desafios. Foi um monge, um místico e um contemplativo, mas que fugiu totalmente do estereótipo que se tinha sobre essa figura algo fugidia, vinda de uma época cuja denominação de medieval já demarca a precária compreensão que os contemporâneos têm dessa vigorosa tradição. A este propósito, Merton renovou o monacato, deu-lhe nova face, reatualizou seu mais verdadeiro sentido e, assim fazendo, mostrou-se antigo e contemporâneo ao mesmo tempo, é aquele que chamava para uma renovação, mas encontrava força e vigor para esta renovação num passado vivo embora, lamentavelmente, esquecido. E, nessa renovação, algumas facetas ganham relevância, por exemplo seu diálogo com a cultura e a teologia que se produzia naquele momento.

Nessa perspectiva digamos, temporal e histórica da contemplação, algumas ênfases vêm nos chamando a atenção: a dimensão do amor e da compaixão, e a do encontro com a comunhão. Categorias teológicas sem dúvida nenhuma, fundamentos da fé cristã, que procuraram demarcar e acentuar a perspectiva da misericórdia que permeia o sentido da contemplação. Misericórdia no sentido da tradição bíblica, sem qualquer conotação paternalista em relação às pessoas e ao mundo. Trata-se mais e, de fato, da realização máxima e plena do sentido de uma experiência religiosa que, em última instância, confunde-se com o amar e, portanto, com o viver. Contemplação é compaixão, orar é viver, espiritualidade é amar. E seria algo redutor não reconhecer a expressão plena desse sentido do religioso não apenas em Merton, razão pela qual tem que se reconhecer e ressaltar sua interlocução e especial afinidade com outras extraordinárias figuras do século, em quem o divino e o humano estiveram indistintamente presentes: Cardenal, Heschel, Nhat Hanh, Gandhi e Simone Weil, dentre outros mais.

E mencionamos então a temática do social em Merton, o que tem lhe rendido na tradição dos estudos mertonianos o reconhecimento elogioso de uma prática ativista, sendo assim constantemente mencionado como um ativista social. A expressão é mais própria do contexto norte-americano e pode gerar mal-entendidos, mas lendo seus textos é possível perceber que seu engajamento era bastante consistente, uma decisão tomada a partir de um certo senso de urgência e de uma assumida atitude ética de responsabilidade diante de desafios que não podiam ser ignorados pelo cristianismo. Nesse contexto, ao menos com duas principais questões Merton se envolveu de forma muito intensa. Primeiro a busca pela paz e a defesa da não violência em um mundo pós-Auschwitz e pós-Hiroxima, organizado estrutural e taticamente no que então se autodenominava, sinistramente, de "Guerra Fria", um mundo que não cessava de flertar, de forma cínica e irresponsável, com a "dança da morte". E o outro destaque é o seu envolvimento com a questão racial, assumindo de forma franca e aberta a luta pelos direitos civis. Se não lhe era possível somar-se às memoráveis passeatas de Luther King, a força e o reconhecimento público de seus textos sobre a questão cumpriram de forma honrosa e impactante importante papel naquele processo e naquela luta. Thich Nhat Hanh, num depoimento posterior, assim se expressou: "Thomas Merton estava no mosteiro, mas não pode ser confinado àquele lugar. Quando você é um homem de paz, mesmo que você se oculte em uma montanha, você está trabalhando pela paz. Se você não é um pacifista, então como poderá trabalhar pela paz? Aqueles que estão em manifestações, marchas como essas, podem ser menos pacifistas do que alguém que está em seus aposentos em uma montanha [...] Thomas Merton – sua vida, seus sentimentos, seus ensinos, e seu trabalho – são suficientes para provar sua coragem, sua determinação, sua sabedoria. Ele fez mais pela paz do que muitos que estavam no mundo".

Em outro momento, revisitando o tema da contemplação, propus, nesses muitos recortes que venho fazendo sobre o tema, algumas linhas-mestras da contemplação em Thomas Merton. 1) Uma perspectiva dinâmica da contemplação. 2) Uma perspectiva humana e existencial da contemplação. 3) Uma perspectiva realista da contemplação.

Podemos ter algum ganho também visitando o tema da contemplação, em relação com outras concepções, fora inclusive do âmbito da mística e mesmo da teologia, aproximando-o, nesse sentido, da tradição do pensamento ocidental.

O renomado historiador da mística cristã ocidental, Bernard McGinn, abre o primeiro volume de sua monumental obra que se propõe a reconstituir o que seria uma *História da mística cristã ocidental*, justamente com o tema da contemplação, retomando as duas, para ele, indiscutíveis fontes da ideia da contemplação cristã ocidental, por um lado a "matriz judaica" e, por outro, "o ideal contemplativo grego". Evidencia o pesquisador que o início de uma mística cristã, recomposto no terceiro capítulo da obra e intitulado "Jesus: a presença de Deus na terra", se em certo sentido tem a sua origem nas duas matrizes mencionadas – a judaica e a grega – marcou, por outro lado, o início de uma espiritualidade inovadora, "a singularidade do movimento a que Jesus deu início" (2012, p. 107).

Para aproveitar a referência de McGinn à tradição grega, talvez possamos ressaltar que, nasce aí, com Platão, uma longa e talvez não totalmente adequada forma de situar a contemplação no mundo ocidental, ou seja, construída sobre um solo dualista; muitas vezes, senão predominantemente, a ideia da contemplação veio a ser tomada como oposta ao que seria o outro polo, o da ação, e, nesse sentido, representaria uma atitude distanciada e descomprometida com a vida, com a existência concreta. Falso dualismo, pois, uma compreensão adequada percebe nos dois polos – o da contemplação e o da ação – de fato, duas dimensões humanas que se completam.

Pois bem, Thomas Merton será um herdeiro daquelas matrizes da mística cristã ocidental, mencionadas por McGuinn e, mais do que isso, fará da contemplação, em pleno século XX, como já assinalamos, um verdadeiro eixo em torno do qual girou toda a sua experiência religiosa, mística e monástica. E como sua experiência religiosa se confunde com sua própria trajetória humana e existencial, representa uma dessas mais eloquentes expressões da autêntica espiritualidade que evidencia a indissociabilidade das duas dimensões humanas, a da contemplação e a da ação.

Levando a sério a indicação de McGuinn, convém acentuarmos, ainda que rapidamente, a referência à contemplação presente na filosofia grega, o "ideal contemplativo grego". De Platão a Santo Agostinho, passando por Fílon e Plotino, não há dúvidas de que a tradição mística ocidental foi plasmada fortemente por esta matriz. Estão implicados aí movimentos ascensionais e ascéticos de um despertar, de uma purificação gradual do amor e do conhecimento, da busca do Bem e da Beleza, e assim por diante.

E, acentuemos também a matriz judaica, na medida em que ajudou a compor o sentido da contemplação cristã no Ocidente, uma referência mínima à tradição judaica, cujos estudos de Gershom Scholem, bem sabemos, foram esmiuçados de forma, talvez, ainda insuperável no que diz respeito a essa rica tradição. Em breve referência a Filo, por exemplo, Scholem ressalta que "assim como seus afins espirituais entre os cristãos e os muçulmanos, os místicos judeus não podem, naturalmente, escapar ao fato de que a relação entre a contemplação mística e os fatos básicos da vida e o pensamento humano é altamente paradoxal" (1972, p. 15). E oferece como exemplo de um desses paradoxos o caso da linguagem, sempre inadequada e insuficiente para expressar o conhecimento místico, a experiência extática com o Ser absoluto. Explorará também, ao longo da obra, a perspectiva da "visão" como um traço da mística judaica, a visão da "glória do trono" de Deus.

Quando se fala em contemplação, uma referência que também logo vem à mente de um estudioso do tema é o trabalho de Hannah Arendt. Neste contexto, é comum toda a ênfase recair sobre sua obra *A condição humana* construída sobre a categoria antropológica da *vita activa*, no contexto de seu trabalho maior que tentava pensar, depois da barbárie, o espaço público, uma vida política ainda possível, e talvez mais do que nunca necessária. No entanto, é preciso lembrar que a grande pensadora projetou também uma obra que seria monumental, sobre "a vida do espírito", estruturada em três grandes partes: "o pensar, o querer, o julgar". Publicada de forma incompleta postumamente, traz, contudo, o suficiente para este reconhecimento. Um momento imprescindível e constitutivo da ação. Abre a obra com essas afirmações: "O que me deixou aturdida (no caso de Eichmann) foi que a conspícua superficialidade do agente tornava impossível retraçar o mal incontestável de seus atos, em suas raízes ou motivos, em quaisquer níveis mais profundos" (p. 5). E acrescenta, "foi a ausência de pensamento [...] que despertou meu interesse" (p. 6). Bem, e o que isso tem a ver com a contemplação? É a própria filósofa que esclarece:

> Foi, portanto, o julgamento de Eichmann que despertou meu interesse por esse tema. Mas, além disso, também essas questões morais que têm origem na experiência real e se chocam com a sabedoria de todas as épocas – não só com as várias respostas tradicionais que a "ética", um ramo da filosofia, ofereceu para o problema do mal, mas também com as respostas muito mais amplas que a filosofia tem, prontas,

para a questão menos urgente "O que é o pensar?" – renovaram em mim certas dúvidas. De fato, tais dúvidas vinham me afligindo desde que terminei um estudo sabiamente intitulado por meu editor *A condição humana*, mas que eu havia proposto mais modestamente como uma investigação sobre A *vita activa*. Desde o primeiro momento em que me interessei pelo problema da *Ação* – a mais antiga preocupação da teoria política –, o que me perturbou foi que o próprio termo que adotei para minhas reflexões sobre o assunto, a saber, *vita activa*, havia sido cunhado por homens dedicados a um modo de vida contemplativo e que olhavam deste ponto de vista para todos os modos de vida. Visto a partir daí, o modo ativo de vida é "laborioso", o modo contemplativo é pura quietude; o modo de vida ativo dá-se em público, o contemplativo no "deserto"; o modo ativo é devotado às "necessidades do próximo", o modo contemplativo à "visão de Deus".

Nesse ponto, a filósofa envereda por uma série de referências a autores cristáos, para então reafirmar:

> O que me interessava no estudo sobre a *Vita activa* era que a noção de completa quietude da *Vita contemplativa* era tão avassaladora que, em comparação com ela, todas as diferenças entre as diversas atividades da *Vita activa* desapareciam. Frente a essa quietude, já não era importante a diferença entre laborar e cultivar o solo, trabalhar e produzir objetos de uso, ou interagir com outros homens em certas empreitadas.

E arremata:

> Eu estava, todavia, ciente de que era possível olhar para esse assunto de um ponto de vista completamente diferente; e para deixar registrada a minha dúvida, encerrei esse estudo da vida ativa com uma curiosa sentença que Cícero atribuiu a Catão. Este costumava dizer que "nunca um homem está mais ativo do que quando nada faz, nunca está menos só do que quando a sós consigo mesmo". Supondo que Catão esteja certo, as questões que se apresentam são óbvias: o que estamos "fazendo" quando nada fazemos a não ser pensar? Onde estamos quando, sempre rodeados por outros homens, não estamos com ninguém, mas apenas em nossa companhia? (2008, p. 7-8).

E, neste diálogo com a tradição filosófica, a abordagem fenomenológica logo surge como uma das referências que contribui para uma melhor compreensão do sentido do contemplar, em especial a partir das reflexões sobre o olhar. Autores como Merleau-Ponty é o primeiro que nos vêm à mente. O filósofo abre assim sua obra *O visível e o invisível*:

> Vemos as coisas mesmas, o mundo é aquilo que vemos – fórmulas desse gênero exprimem uma fé comum ao homem natural e ao filósofo desde que abre os olhos, remetem para uma camada profunda de "opiniões" mudas, implícitas em nossa vida. Mas essa fé tem isto de estranho: se procurarmos articulá-la numa tese ou num enunciado, se perguntarmos o que é este *nós*, o que é este *ver* e o que é esta *coisa* ou este *mundo*, penetramos num labirinto de dificuldades e contradições [...] Assim é, e nada se pode fazer em contrário. Ao mesmo tempo é verdade que o mundo é *o que vemos* e que, contudo, precisamos aprender a vê-lo. No sentido de que, em primeiro lugar, é mister nos igualarmos, pelo saber, a essa visão, tomar posse dela, dizer o que é *nós* e o que é *ver*, fazer, pois, como se nada soubéssemos, como se a esse respeito tivéssemos que aprender tudo (1984, p. 15).

Retomemos então o tema maior da contemplação em Merton, a partir da chave de interpretação que tomo de empréstimo a Ricoeur.

Paul Ricoeur, em seu vasto trabalho filosófico, naquilo que poderíamos chamar de uma "fenomenologia do si mesmo", propôs, para caracterizar seu trabalho – de forma explícita em *Conflito das interpretações* –, a distinção entre uma via curta e uma via longa do si mesmo. Especificamente quando fala da hermenêutica como uma espécie de enxerto na fenomenologia, afirma que "há duas maneiras de fundar a hermenêutica sobre a fenomenologia".

A via curta na apreensão desse si mesmo, presente, tal como a "ontologia da compreensão" à maneira de Heidegger na analítica do ser. Vislumbra-se aí um acesso direto a esse si mesmo. E *a via longa*, exatamente aquela à qual se propõe.

Ricoeur rende seu tributo a Heidegger reconhecendo que o mesmo trouxe uma revolução, na medida em que "o compreender torna-se um aspecto do 'projeto' do *Dasein* e de sua 'abertura do ser'". A questão da verdade não é mais a do método, porém a da manifestação do ser, "para um ser cuja existência consiste na compreensão do ser" (p. 12). Também destaca a ideia de que "para nos interrogarmos sobre o ser em geral, precisamos antes nos interrogar sobre esse ser que existe como o modo de compreender o ser. Compreender não é mais, então, um modo de conhecimento, mas um modo desse ser que existe compreendendo" (p. 11). Ressaltando a dificuldade que é passar "do compreender, como modo de conhecimento, ao compreender, como modo de ser", Ricoeur lembra que essa analítica do *Dasein* se dá necessariamente na linguagem. E, é nesta direção que proporá a "via longa": as mediações, os desvios – semântico, reflexivo, linguístico, estrutural, narrativo. Enfim, o desvio pelos símbolos, signos, textos, quase textos (ações). É preciso, neste sentido, articular a reflexão pura com uma interpretação dos símbolos linguageiros. E, por outro lado, a compreensão/o ato de compreender, de um ponto de vista da filosofia hermenêutica, deixa de ser a mera interpretação dos textos, para tornar-se um modo de compreender-se, mas um modo de compreender-se diante dos textos, que passa necessariamente pela mediação dos signos e símbolos. Desde a conhecida afirmação, "o símbolo dá a pensar", passando por muitos outros percursos, é o mesmo movimento da parte de Ricoeur, no sentido de deter-se com seriedade nas expressões simbólicas do humano, nestas obras de cultura. É preciso a paciência dessa mediação para se chegar ao sentido. Assim "a hermenêutica é a aparência que a filosofia da reflexão assume quando, para conhecer o sujeito, decide fazer um grande desvio pela interpretação dos signos de sua existência. Com isso, ilustra uma firme convicção: "o caminho de si a si faz necessariamente o desvio por aquele que é o outro que si. Ou, em outras palavras, a intenção de se conhecer levaria prematuramente a si se, de certa maneira, não ocorresse a escolha pelo roteiro dos signos que expressam o mundo". Ricoeur dirá muitas vezes "explicar mais para compreender melhor". Ricoeur reconcilia uma ontologia do compreender com uma epistemologia do interpretar. O filósofo entende que o sujeito não tem acesso direto ao seu si mesmo no trajeto direto da via curta da ontologia. Pretendeu demonstrar que esse ser que quer compreender-se a si mesmo, tendo como pressuposto básico o postulado central da hermenêutica de que "ser que pode ser compreendido é linguagem" (Gadamer), só tem acesso ao seu si mesmo, exatamente pelos percursos de sua própria criação. O acesso ao ser só se daria pelo desvio trabalhoso da via longa, as mediações. É via na qual Ricoeur se reconhece e na qual insere seu empreendimento. É nesse sentido que fala do "enxerto hermenêutico" na fenomenologia. A hermenêutica abre o campo, exatamente para o percurso de decifração do ser, por meio dos signos humanos de cultura: textos.

Pois bem, minha hipótese é que, assim como Ricoeur reconcilia uma ontologia do compreender com uma epistemologia do interpretar, Thomas Merton reconcilia em si duas vias que podem ser identificadas com essas propostas pelo filósofo: uma curta e uma longa. Em Merton parecem estar presentes essas duas vias, ele movimenta-se por esse duplo trajeto. Só que aqui, em vez de se falar de percursos do pensamento (como Arendt, Merleau-Ponty e Ricoeur), está-se, naturalmente, falando de percursos da contemplação.

Por um lado, a via curta

Uma parte de meu trabalho explorou este aspecto, que denominei de "lugares privilegiados", a saber: a solidão, o silêncio, a simplicidade e a oração. Numa linguagem de Ricoeur poderíamos dizer que há aqui um movimento de "recolhimento do sentido". Aqui está presente uma dinâmica contemplativa na linha de uma apreensão direta, imediata. Com certeza está aí presente uma influência do Zen, muito insistiu sobre a ideia oriental da atenção plena, a disponibilidade para se captar o momento, o presente. Chegou a fazer uma resenha sobre Alberto Caeiro, em especial a inclinação Zen budista do heterônimo pessoano, inclusive apresentando-o a Suzuki. Lembremos que o extraordinário poema de Caeiro é exatamente aquele que fala de uma captação do instante e da própria vida por um olhar súbito e puro.

Na busca pelo silêncio e pela solidão estaria presente esse movimento de esvaziamento, de recuo, de retraimento, uma espécie de minimalismo da fé, a apreensão da experiência religiosa em seu estado virginal e quase selvagem. Tao, ditos, koans, poemas: escrita literária que toca neste inapreensível. Também alguns experimentos estéticos.

Estão presentes aí muitos movimentos de um "sair pra si" para "entrar em si". Aqui está a quietude do ser, o recolher-se no mais quieto, o velar de si. Um lugar reservado e silencioso.

Nesse sentido, abundam expressões que acentuam esta dimensão apofática da experiência religiosa. Por exemplo, quando diz que o clima da oração monástica é o "deserto". Quando fala do silêncio de Deus, da dialética presença/ausência, da noite escura, da aragem da aurora, de um inconhecimento, do não saber. De uma "realidade crua das coisas", como se expressou em seu texto.

Também a imagem do "ponto virgem" naquilo que sinaliza um "limiar". Essa ideia de limiar, como se diferenciando do conceito de fronteira, vem de Benjamin. O limiar (soleira, umbral) é uma metáfora espacial que aponta para a ideia de transição e fluxo. Não acentua a separação entre dois territórios, mas ressalta exatamente o contrário, aquilo que permite a transição entre esses territórios. Zona indefinida, espaço de passagem. Pois bem, esse ponto da aragem da aurora, em Merton, a rigor inapreensível, aponta para esse lusco-fusco de um momento que já não é mais noite, mas também ainda não é dia, traduz esse recorte fugaz, mas intenso, que atravessa um sujeito e também a natureza.

Talvez o "trabalho de cela" represente o ponto máximo deste esforço de esvaziamento. É o lugar do desprendimento, do desnudamento, do apenas "ficar sentado" dos Padres do Deserto, do aquietar-se, talvez, até, da experiência de não mente, do vazio e do nada. Afirma Merton, ainda a respeito da expressão "ponto virgem": "No centro de nosso ser, existe um ponto como que vazio, intocado pelo pecado e pela ilusão, um ponto, uma centelha, que pertence inteiramente a Deus, que nunca está à nossa disposição, do qual Deus dispõe para as nossas vidas, que é inacessível às fantasias da nossa própria mente ou às brutalidades de nossa vontade. Esse pontinho 'de nada' e de *absoluta pobreza* é a pura glória de Deus em nós. É tão bom pronunciar seu nome inscrito em nós, como sendo nossa pobreza, nossa indigência, nossa dependência, nossa filiação divina. É como um diamante puríssimo, a brilhar na luz invisível do céu" (*Reflexões de um espectador culpado*, p. 183).

Destaquemos, então, alguns temas no seu percurso contemplativo, em citações do próprio Merton, deste primeiro enquadre da via curta.

O trabalho de cela

"A vida solitária, sendo silenciosa, varre a cortina de fumaça composta de palavras que o homem estabeleceu entre sua mente e as coisas. Na solidão, permanecemos diante da realidade crua das coisas. E, no entanto, descobrimos que a crueza da realidade que nos inspirou temor não é a causa nem de temor nem de vergonha. Está revestida da amável comunhão do silêncio, e esse silêncio está relacionado com o amor. O mundo, que nossas palavras tentaram classificar, controlar e até mesmo desprezar (porque não podiam contê-lo), se aproxima de nós, pois o silêncio nos ensina a conhecer a realidade, respeitando-a lá onde as palavras a profanaram" (*Na liberdade da solidão*, p. 68).

"Sento-me no quarto de trás, que é fresco, onde deixam de ressoar as palavras, onde todos os significados são absorvidos na *consonantia* de calor, pinheiro fragrante, vento quieto, canto de pássaros e uma nota tônica central que não se diz nem se ouve. Não é mais hora de obrigações. No silêncio da tarde, tudo está presente e tudo é inescrutável numa nota tônica central para a qual os demais sons ascendem, ou da qual descendem, à qual todos os outros significados aspiram, para que encontrem sua realização verdadeira. Perguntar quando soará essa nota é perder a tarde: ela já soou, e agora todas as coisas zumbem com a ressonância de seu tom" (*Merton na intimidade*, p. 284).

"Por fim, o termo próximo de toda essa luta era a 'pureza do coração' – a visão nítida e desobstruída do verdadeiro estado das coisas, a compreensão intuitiva da própria realidade interna como ancorada, ou entregue, a Deus por intermédio de Cristo. O fruto desse processo era *quies*: 'descanso'. Não o descanso do corpo, nem mesmo a estabilização do espírito exaltado em um ponto ou ápice de luz. Os Padres do Deserto não eram, em sua maioria, extáticos. Os que eram deixaram atrás de si algumas histórias enganosas e esquisitas que confundem a questão essencial. O 'descanso' que esses homens buscavam era simplesmente a sanidade e o equilíbrio de um ser que não necessitava mais olhar para si mesmo, pois era levado pela perfeição da liberdade que possuía. Aonde? A qualquer lugar que o Amor ou o Divino Espírito considerasse apropriado. O descanso era, portanto, uma espécie de lugar-nenhum e não intencionalidade em que perderam toda a preocupação com o 'eu' falso e limitado. Em paz, na posse de um 'nada' sublime, o espírito mantinha-se, em segredo, acima do 'tudo' – sem se preocupar em saber o que possuía" (*A sabedoria do deserto*, p. 8).

"Esta paciente sujeição à solidão do coração, ao vazio, ao "exílio" em relação ao mundo onde vivem as outras pessoas, numa confrontação direta com o mistério de Deus dá, por assim dizer, o tom a todos os demais atos do solitário. Sem esta aceitação clara e definida da solidão em suas mais despojadas exigências, as outras práticas podem ter mau êxito ou obscurecer a verdadeira meta da vida em solitude. Podem tornar-se uma fuga da solidão. Uma vez plenamente aceita a solidão, as demais práticas – jejum, trabalho, vigílias, salmodia etc. – gradualmente encontram o lugar que lhes cabe, pois sua necessidade e eficácia são corretamente entendidas em relação ao ideal total da "permanência na cela" (*Contemplação num mundo de ação*, p. 233).

Na liberdade da solidão

"O verdadeiro solitário não renuncia em nada ao que de básico e humano existe em sua relação com os outros. Está unido a eles – tanto mais profundamente quanto não se vê mais fascinado por interesses marginais. A que renuncia o solitário? Renuncia à figuração superficial e ao simbolismo vulgar que pretendem falsamente tornar a união mais autêntica e fecunda. Resiste ao relaxamento com que se entregava à diversão em geral. [...] Renuncia às ilusórias reivindicações do aperfeiçoamento e da plenitude coletivas com que a sociedade procura agradar e satisfazer a necessidade do indivíduo de sentir que ele vale alguma coisa. O homem dominado por aquilo que chamei a 'imagem social' é alguém que só se permite ver e aprovar em si mesmo aquilo que a sociedade a que pertence determina como sendo proveitoso e digno de louvor para seus membros."

Na profundidade do silêncio

"O silêncio é, portanto, importante, mesmo na vida da fé em nosso encontro mais profundo com Deus. Não podemos estar sempre falando, rezando com palavras, engabelando, argumentando ou mantendo uma espécie de música de fundo devota. Muito do nosso diálogo interior bem-intencionado é, de fato, uma cortina de fumaça e uma evasão. Boa parte dele é simplesmente autoafirmação e, no fim, pouco melhor do que uma forma de justificação de si. Em vez de realmente encontrar Deus no despojamento da fé, no qual nosso ser mais íntimo se apresenta nu diante dele, encenamos um ritual interior cuja única função é acalmar a ansiedade" (*Amor e vida*, p. 44).

"É preciso encontrarmos o silêncio de Deus não só em nós mesmos, mas também uns nos outros. A não ser que um outro nos fale em palavras que brotam de Deus e se comunicam com o silêncio de Deus em nossas almas, ficamos isolados em nosso silêncio, do qual Deus tende a se retirar. Pois o silêncio interior depende de um contínuo procurar, um contínuo gritar na noite, um repetido debruçar-se sobre o abismo. Se nos agarramos a um silêncio que pensamos ter encontrado uma vez para sempre, cessamos de buscar a Deus e o silêncio morre dentro de nós. Um silêncio em que ele não mais é procurado cessa de nos falar dele. Um silêncio do qual ele não parece estar ausente ameaça perigosamente sua contínua presença. Pois ele é encontrado quando procurado, e, quando não mais o buscamos, ele nos escapa. Só o podemos ouvir quando temos a esperança de ouvi-lo, e se, pensando estar nossa esperança realizada, deixamos de ouvir, cessa ele de falar, seu silêncio deixa de ser vivo e morre, ainda mesmo que o procuremos reavivar com o eco de nosso próprio ruído emocional" (*Liberdade da solidão*, p. 70).

Na pureza do coração/a oração

"Na 'oração do coração', procuramos, em primeiro lugar, a base mais profunda de nossa identidade com Deus. Não raciocinamos em relação aos dogmas da fé, nem sobre os 'mistérios'. Procuramos, antes, conseguir apreender diretamente, de maneira existencial, por uma experiência pessoal, as mais profundas verdades da vida e da fé: encontramos a nós mesmos na verdade de Deus. A noite escura retifica nossas mais íntimas intenções. No silêncio dessa 'noite de fé', voltamos à simplicidade e à sinceridade do coração. Aprendemos como nos concentrar, nos 'recolher'. [...] Isto consiste em escutar, estar atento para ouvir a vontade de Deus na direta e simples atenção à realidade. O recolhimento (concentração) é percepção ou consciência do incondicional. A oração significa, pois, desejar ansiosamente a simples presença de Deus, para termos uma compreensão pessoal de sua palavra, para conhecermos sua vontade, e para sermos capazes de ouvir e obedecer" (*Poesia e contemplação*, p. 107).

"Uma entrega incondicional, totalmente humilde, a Deus, uma aceitação completa de nós próprios e de nossa situação conforme a vontade dele. Significa isso a renúncia a todas as imagens ilusórias de nós mesmos, a toda exagerada apreciação de nossas capacidades, de maneira a obedecer à vontade de Deus como chega ela até nós, nas difíceis exigências da vida em sua rigorosa verdade. Pureza de coração é, portanto, correlativa a uma nova identidade espiritual – o 'eu', reconhecido no contexto das realidades queridas por Deus. A pureza de coração é a iluminada percepção ou consciência do homem novo, oposto às complexas e, talvez, um tanto inconvenientes fantasias do 'velho homem'" (*Poesia e contemplação*, p. 109).

No desprendimento da simplicidade

"Os Padres eram homens humildes e calados, e não tinham muito a dizer. Respondiam às perguntas com poucas palavras, iam direto ao ponto. Ao invés de fornecerem um princípio abstrato, preferiam contar uma história concreta. Essa brevidade, plena de conteúdo, alivia. Há mais luz e satisfação nestes ditos lacônicos do que em muitos tratados ascéticos extensos, fartos de detalhes de como ascender de um grau a outro da vida espiritual. As palavras dos Padres nunca são teóricas na acepção moderna do termo, nunca são abstratas. Tratam de coisas concretas e dos trabalhos rotineiros da vida de um monge do século IV, mas o que transmitem serve da mesma maneira a um pensador do século XX. As realidades essenciais da vida interior estão presentes nelas: fé, humildade, caridade, submissão, discrição, abnegação" (*A sabedoria do deserto,* p. 14).

A *Lectio Divina*

"Subentende-se que a oração individual do monge está encravada numa vida de salmodia, celebração litúrgica e da leitura meditada da Escritura (*Lectio Divina)*" (*Poesia e contemplação,* p. 48).

"Nos Salmos, bebemos o louvor divino em sua pura e duradoura fonte, em toda sua primitiva sinceridade e perfeição. Retornamos à força juvenil e à franqueza com as quais os antigos salmistas levantavam sua voz ao Deus de Israel. Sua adoração era intensificada pelos inefáveis acentos da nova descoberta: pois os Salmos são as canções dos homens que *conheceram quem era Deus*" (*Praying the Psalms,* p. 7).

"Para que os salmos possam realizar a função que a tradição cristã sempre lhes atribuiu, que é a de dispor as almas à união com Deus, devem, não somente 'elevar os corações e as mentes dos homens até Deus', mas também inspirar-nos uma total entrega de nós mesmos a Ele" (*Pão no deserto,* p. 51).

Por outro lado, a vida longa

Retomando a distinção de Ricoeur, da via longa, ressalto que toda uma parte de meu trabalho vem trabalhando nesta linha, que tenho intitulado de "mediações da contemplação": o diálogo, a tradição, a natureza e a literatura.

É razoavelmente consensual a ideia de que não há experiência religiosa sem mediação, incluindo aí naturalmente a experiência mística. O que se quer reconhecer com esta expressão é que, de fato, não há experiência religiosa e vivência contemplativa sem algum tipo ou algum nível de mediação. A mediação aí como sendo aquilo que nos reporta à ideia de meios; no *itinerarium* de Merton, meios para uma mais profunda vida cristã, na busca da pureza de coração na plenitude do Espírito. Sendo assim, os elementos mediadores não valem por si mesmos. Entre tais meios, a linguagem talvez seja o elemento mediador mais decisivo. Se Merton reconhece a possibilidade de uma linguagem apofática, não deixará de enfatizar também a possibilidade de uma linguagem positiva, simbólica. Mas outros elementos mediadores da experiência religiosa e da vida contemplativa, para além da linguagem, são reconhecíveis na obra e no trajeto de Merton. Ou talvez se possa dizer que a linguagem é pressuposta em todas as demais mediações, é o que as possibilita. Assim destaco em Merton alguns níveis de mediação: pelos textos, pela tradição, pelo diálogo, pelos sentidos, pelas artes, pela cultura, pela práxis, e outros mais.

Destaquemos agora, nesse viés das mediações de uma via longa, alguns temas no seu percurso contemplativo, em citações do próprio Merton.

A tradição: mística e monástica

"Estou no mosteiro, e pretendo estar aqui. Nunca tive dúvida quanto à minha vocação monástica. Se tenho tido algum desejo de mudança, tem sido por uma forma mais solitária, mais 'monástica'. Mas precisamente por causa disso pode-se dizer que estou de algum modo em todos os lugares. Meu mosteiro não é um lar. Não é um lugar onde estou enraizado e estabelecido na terra. Não é um ambiente no qual me torno consciente de mim mesmo como um indivíduo, mas um lugar no qual desapareço do mundo como um objeto de interesse, no sentido de estar em qualquer lugar pelo ocultamento e compaixão. Para existir em todos os lugares tenho que ser ninguém (*No-one*)" (*Reflexões sobre minha obra*).

O fundamento escondido do amor: o diálogo

"A heresia do individualismo: crer-se uma unidade inteiramente autossuficiente e afirmar essa 'unidade', imaginária contra todos os demais. Mas quando procuramos afirmar nossa unidade negando haver qualquer relação seja com quem for, rejeitando a todos no universo até chegarmos a nós mesmos, que resta para ser afirmado? Mesmo se houvesse algo a ser afirmado, não nos restaria mais fôlego para afirmá-lo. O verdadeiro caminho é justamente o oposto: quanto mais sou capaz de afirmar os outros, dizer-lhes "sim" em mim mesmo, descobrindo-os em mim e a mim mesmo neles, tanto mais real eu sou. Sou plenamente real se meu coração diz sim a todos. Serei melhor católico, se puder afirmar a verdade que existe no catolicismo e ir ainda além, e não se refutar todos os matizes que existem no protestantismo. Assim também em relação aos muçulmanos, aos hindus, aos budistas etc. Isso não significa sincretismo, indiferentismo, camaradagem vazia e despreocupada que tudo aceita sem sobre nada refletir. Há muita coisa que não se pode 'afirmar' e 'aceitar'. No entanto é preciso, em primeiro lugar, dizer 'sim' quando realmente isso é possível. Se eu me afirmo como católico simplesmente negando tudo que é muçulmano, judeu, protestante, hindu, budista etc., no fim descobrirei que, em mim, não resta muita coisa com que me possa afirmar como católico: e certamente nenhum sopro do Espírito com o qual possa afirmá-lo" (*Zen e aves de rapina*, p. 166).

Uma poética da contemplação

"A contemplação muito tem a oferecer à poesia. E a poesia, por sua vez, tem algo a oferecer à contemplação. Como sucede isso? Ao compreender o relacionamento entre poesia e contemplação, a primeira coisa a ser enfatizada é a dignidade essencial da experiência estética. É, em si, um dom muito elevado, ainda que somente no plano natural. [...] Uma experiência estética genuína é algo que transcende, não apenas a ordem das coisas sensíveis (na qual, entretanto, tem início), mas o próprio plano do raciocínio. É uma intuição suprarracional da perfeição latente das coisas" (*Poesia e contemplação*, p. 200).

"Um poema verdadeiramente religioso não nasce apenas de um propósito religioso. Nem poesia nem contemplação são feitas de 'boas intenções'. De fato, um poema que não brota de uma necessidade espiritual mais profunda do que uma intenção devota, inevitavelmente há de parecer, ao mesmo tempo, forçado e insosso. Arte que é 'forçada' não é arte, e tende a exercer sobre o leitor o mesmo efeito perturbador que a piedade forçada e a tensão religiosa sobre aqueles que fazem força para se tornar contemplativos, como se a contemplação infusa pudesse ser o resultado do esforço humano e não um dom de Deus. Parece-me que seria melhor se tal poesia não fosse escrita. Pois tende a confirmar os incrédulos na desconfiança de que a religião amortece, em lugar de nutrir tudo que há de vital no espírito do homem. Os salmos são, ao contrário, os mais simples e, ao mesmo tempo, os maiores poemas religiosos" (*Pão no deserto*, p. 57).

Uma vida entre textos

"A integridade de Dylan Thomas como poeta faz-me sentir vergonha da poesia que escrevi até hoje. Nós que dizemos amar a Deus: por que não nos esforçamos para ser perfeitos em nossa arte, tão perfeitos quanto pretendemos ser em nosso serviço a Deus? Se não nos esforçamos para ser perfeitos no que escrevemos é porque, apesar de tudo, não estamos escrevendo para Deus. Como quer que seja, é deprimente que aqueles que servem e amam a Deus escrevam às vezes tão mal, enquanto que as pessoas que não o amam se esforcem tanto para escrever bem. Não falo de gramática e de sintaxe, mas de ter alguma coisa a dizer e de dizê-la em frases que já não estejam mortas de nascença. [...] A imperfeição é o castigo da pressa de se ver publicado. As pessoas que têm pressa em se verem publicadas raramente têm alguma coisa a dizer. [...] Um mau livro acerca do amor de Cristo continua sendo um mau livro, mesmo apesar de ser sobre o amor de Cristo" (*Signo de Jonas*, p. 73).

Natureza: atenção e escuta

"Encho-me de espanto, pensando no paraíso terreno que encontrei debaixo da árvore domingo passado – uma vista para uma estrada e fazendas e matas, levando a estrada de volta para um deserto. [...] Embaixo da árvore, a grama como seda verde: e o sol e o silêncio e o vento movendo os galhos, e o calor a se derramar na paisagem: e eu ali sentado, repleto de tudo isso, incapaz de dizer a mim mesmo alguma coisa, porque tudo era incompreensível tão logo eu tentava descrevê-lo como uma experiência tida. Uma realidade material individual é ininteligível: o que eu estava tentando descrever não era uma experiência. Não era nada compreensível, a matéria de uma experiência, a matéria bruta. Essa você pode descrever, de modo a parecer que a descreve, mas o que realmente você está descrevendo é outra coisa, uma experiência – não esse momento em si, porém sua experiência nele. O segredo é controlar sua experiência para ela não se tornar possessiva, mas perder-se no objeto em vez de tentar contê-lo. Desse modo ela chega, de fato, a conter o objeto, mas só se não tenta" (*Merton na intimidade*, p. 40).

Na vida curta ou na vida longa, uma experiência contemplativa que acontece e interfere na história e no tempo

Para finalizar, não poderia deixar de mencionar, ainda que de passagem, a inserção social de Merton. Estão presentes aí aspectos do itinerário contemplativo de Merton que evidenciam a perspectiva histórica e temporal de seu percurso contemplativo. Merton reinaugura um caminho místico e contemplativo de busca e encontro com Deus no tempo e na história. Quanto mais aprofundava em sua busca pela transcendência, mais encontrava o seu tempo, com suas dores e angústias. E, inversamente, quanto mais descobria a seus semelhantes, num abraço cada vez mais amplo – tanto na perspectiva inter-religiosa como na perspectiva humana – mais encontrava o divino.

Não obstante os temas mais intimistas, por assim dizer, mais inerentes ao exercício da espiritualidade contemplativa e do caminho místico da fé, mencionados, em todo o tempo deu testemunho do quanto a perspectiva histórica sempre esteve presente em suas reflexões. Por mais pessoal ou individualizado que fosse um tema que estivesse abordando, sua espiritualidade nunca se distanciava da fé encarnada, impregnada o tempo todo e em todos os aspectos pelo olhar compassivo e pelo convite à ação amorosa.

Mas, a partir de um certo momento, precisamente do final da década de 1950 e por toda a década de 1960, e, sobretudo em situações especialmente agudas, Merton se viu convocado a enfrentar direta e inequivocamente certos temas da agenda social daquele momento. Por isso, convém reafirmar, sem dualismos e periodicizações enrijecedoras, não se pode negar que há um segundo momento em seu trajeto, em que, numa espécie de retorno ao mundo, inaugura uma atuação surpreendente, a do monge contemplativo que não se nega ao compromisso cristão de intervenção na realidade, por meio de seus inspiradores e qualificados textos.

E convém ressaltar, também, que este período em que abraça a causa social de forma franca e aberta, convive, simultaneamente, com um outro movimento igualmente radical, a busca da solidão mais plena na experiência eremítica, bem como a aproximação à espiritualidade oriental, com todo o seu viés interiorizante. Um duplo movimento, pois, a um só tempo de abertura para o exterior e de mergulho no interior.

Podemos destacar seu esforço de um diálogo com a sociedade, a cultura e a teologia de seu tempo. Também uma ainda maior ênfase nos temas do amor e da compaixão, do encontro e da comunhão, como que representando categorias teológicas e espirituais que sustentavam suas intervenções pontuais. Na perspectiva de uma aproximação entre mística, diálogo e ação, destaque-se a aproximação que manteve com alguns interlocutores privilegiados.

E por fim, não poderíamos deixar de mencionar sua inserção em certos temas sociais particularmente agudos no momento de sua atuação, especificamente os temas da busca pela paz e a defesa da não violência, bem como a questão racial e a luta pelos direitos civis. Entende-se que a crítica social de Merton foi consequente, no sentido de ter sido assumida com acentuado senso de responsabilidade; mas foi também assumida e movida por um ardoroso *pathos*, podendo assim ser reconhecida como uma autêntica ação profética.

Eis aí um dos mais eloquentes testamentos de um percurso cristão no século XX, o percurso de um contemplativo, para quem "A contemplação é a mais alta expressão de vida intelectual e espiritual do homem [...] é uma visão que vê, sem ver e conhece, sem conhecer [...] é fé em maior profundidade [...] resume, transcende e realiza tudo [...] atinge o conhecimento e mesmo a experiência do Deus transcendente e inexprimível [...] é resposta a um chamado [...] de fato é pergunta e resposta [...] é dom [...] é mais do que verdades abstratas sobre Deus [...]" (*Novas sementes de contemplação*, p. 9-13). Enfim, quanto à contemplação, no que nos indica Merton, não é possível defini-la, os sentidos vão se abrindo e ampliando cada vez mais e, talvez, no cruzamento e na convergência dessas muitas possíveis definições, possamos captar algo de seu verdadeiro e inesgotável sentido.

Referências

ARENDT, H. *A vida do Espírito*: o pensar, o querer, o julgar. Rio de Janeiro: Relume Dumará, 2000.

BENJAMIN, W. *Passagens*. Belo Horizonte/São Paulo: UFMG/Imprensa Oficial, 2007 [Org. de Willi Bolle e Olgária Matos].

McGINN, B. *As fundações da mística: das origens ao século V.* – Tomo I: A presenta de Deus, uma história da mística cristã ocidental. São Paulo: Paulus, 2012.

MERLEAU-PONTY, M. *O visível e o invisível*. São Paulo: Perspectiva, 1984.

MERTON, T. *Pão no deserto*. 3. ed. Petrópolis: Vozes, 2008.

_____. *A experiência interior*. São Paulo: Martin Fontes, 2007.

_____. *Paz na Era Pós-Cristã*. Aparecida: Santuário. 2007.

_____. *A montanha dos sete patamares*. Petrópolis: Vozes, 2005.

_____. *A sabedoria do deserto*. São Paulo: Martins Fontes, 2004.

_____. *Amor e vida*. São Paulo: Martins Fontes, 2004.

_____. *Diálogos com o silêncio*: orações & desenhos. Rio de Janeiro: Fissus. 2003.

_____. *A vida silenciosa*. 3. ed. Petrópolis: Vozes. 2002.

_____. *Merton na intimidade*: sua vida em seus diários. Rio de Janeiro: Fissus. 2001.

_____. *Na liberdade da solidão*. 2. ed. Petrópolis: Vozes, 2001.

_____. *Novas sementes de contemplação*. Rio de Janeiro: Fissus. 2001.

_____. *O diário da Ásia*. Belo Horizonte: Vega. 1978.

_____. *Homem algum é uma Ilha*. 6. ed. Rio de Janeiro: Agir, 1976.

_____. *Contemplação num mundo de ação*. Petrópolis: Vozes, 1975.

_____. *Poesia e contemplação*. Rio de Janeiro: Agir. 1972.

_____. *Zen e as aves de rapina*. Rio de Janeiro: Civilização Brasileira, 1972.

_____. *Reflexões de um espectador culpado*. Petrópolis: Vozes, 1970.

_____. *Sementes de destruição*. Petrópolis: Vozes, 1966.

_____. *O Pão Vivo*. Petrópolis: Vozes, 1963.

_____. *Questões abertas*. Petrópolis: Vozes, 1963.

_____. *Espiritualidade, contemplação e paz*. Belo Horizonte: Itatiaia, 1962.

MERTON, T. & CARDENAL, E. *Correspondência (1959-1968)*. Madri: Trotta, 2003.

PEREIRA, S.C. *Thomas Merton*: contemplação no tempo e na história. São Paulo: Paulus, 2014.

RICOEUR, P. *O conflito das interpretações*: ensaios de hermenêutica. Rio de Janeiro: Imago, 1978.

SCHOLEM, G. *A mística judaica*. São Paulo: Perspectiva, 1972.

SHANNON, W.H. *Thomas Merton's Dark Path*: The inner experience of a contemplative. Nova York: Penguin, 1982.

Tapeçarias: a escrita de si nos diários mertonianos

*Marcelo Timotheo da Costa**

Os diários (*journals*) de Thomas Merton totalizam sete volumes, reunindo anotações de maio de 1939 a dezembro de 1968, período que se estende de sua conversão ao catolicismo até sua morte, aos 53 anos. Na edição norte-americana, os diários mertonianos somam mais de 2. 500 páginas. Qual seria uma possível senha de acesso para esses escritos, tão vasto universo?

Nas páginas iniciais dos diários, em datas diversas, dois trechos sugerem interessante porta de entrada para o conjunto deles.

No *primeiro destes fragmentos*, de setembro de 1939, Merton, passados dez meses de seu batismo na fé católica, compara as obras autobiográficas de Santo Agostinho e Jean-Jacques Rousseau. Merton então declara: "A diferença é que Santo Agostinho confessa Deus, Rousseau proclama a si mesmo [...] Confissões só são válidas (em literatura) se elas confessam Deus".

Confessar Deus pela escrita. Há aqui o eco da Antiguidade tardia e da prática da escrita confessional, chamada *confessio*, exer-

---

* Professor do Programa de Pós-Graduação em História da Universidade Salgado de Oliveira (Universo). Doutor em História pela Pontifícia Universidade Católica do Rio de Janeiro (PUC-Rio).

cício de controle de si pela rememoração das faltas cometidas no passado. *Confessio*, o título que o já convertido Agostinho deu a sua autobiografia, *Confissões*, não é casual. Merton, um milênio e meio depois de Agostinho, operou movimento análogo ao redigir sua precoce autobiografia, *The Seven Storey Mountain* [*A montanha dos sete patamares*, na tradução brasileira].

Percebe-se aí, neste gênero de literatura confessional, a justificação do passado anterior à conversão pela fé recém-adquirida. Logo, mesmo os erros pretéritos são interpretados a partir da mudança de rumo que haveria de chegar no futuro, com a conversão. Afinal, não representaria a conversão, até mesmo em termos etimológicos, uma mudança de rumo? Assim, o passado anterior à profissão do credo religioso, tempo de uma forma geral tomado por pecaminoso, seria redimido e justificado pela nova fé. Há mais: redimido, esse passado é exposto ao público pela autobiografia do novo crente. Passado redimido e feito público, as preocupações do neoconverso deslocam-se para o futuro. Em outras palavras: o convertido deve perseverar, deve confirmar sua conversão no devir, no passar dos dias.

Para isso, para o controle das ações futuras, diários como os de Merton têm papel de destaque entre muitos crentes. A ideia subjacente à escrita dos diários é, de fato, bastante tradicional entre cristãos (convertidos ou não, aliás). Pela narração do cotidiano, o fiel procura seguir adiante no aprimoramento espiritual. A pertença ao cristianismo (seja transmitida na família, seja fruto de processo conversional em vida adulta) é vista como *opção a ser continuamente confirmada*. Escolha de toda uma existência a ser sempre reiterada. Santo Agostinho, já convertido, pede a Deus que complete sua conversão. Processo de adesão perpétuo que, tradicionalmente, é pensado teleologicamente como ascensão aos céus, à Jerusalém Celeste, destino dos fiéis.

Subida aos céus. Sob esse prisma, os diários funcionam como espécie de guias de viagem necessários para a disciplinarização do peregrino. Este, ao peregrinar na Terra, registra seu dia a dia por escrito. Nesta linha interpretativa, os diários são, ao mesmo tempo, roteiros da viagem metafísica rumo a Deus e memorial deste caminho.

Ao falar do registro do dia a dia pela escrita, papel primário de qualquer diário, chegamos à segunda anotação de Merton que desejo destacar nestes momentos iniciais: ela é datada de 1º de outubro de 1939. Ali, nosso autor se pergunta sobre o valor da memória: "Que impressionante importância é essa que a memória parece ter para mim?" A resposta seria dada dois meses adiante, nos *journals*: "Se não houver mudança importante em nossas vidas à medida que seguimos nossos cursos, não há sentido em manter diários". Enfim, memória e propósito.

Merton, aliás, mantinha diários desde a adolescência. Anotações que não chegaram até nós: após converter-se, ele decidiu apagar sua memória anterior à profissão de fé. Daí, segue *novo relato,* iniciado em maio de 1939; são os *journals* que conhecemos; escritos à luz da fé adquirida.

Interessante ressaltar como Merton descreve, nos diários, a tarefa de escrevê-los. Em maio de 1940, recordando o que fizera naquele ano, Merton diz: "Prosseguia com os *Exercícios Espirituais* de Santo Inácio [...] A maior parte do tempo eu escrevia, escrevia: um diário, em escrita cursiva, num livro-caixa".

Seja frisado aqui: o exercício de memória e autodisciplinarização realizado nos diários (associado aos *Exercícios Espirituais* inacianos, outra maneira tradicional cristã de controle de si) é inicialmente organizado por Merton "num livro-caixa"! Mais que curiosa, reveladora opção. Por ela, *Merton se torna especial arquivista de haveres e deveres*: aqueles, fatos relativos a seu passado; e estes, desejos que permitem projetar seu futuro. Vale, por conseguinte, adaptar expressão cara ao universo católico: se o conjunto das formulações dogmáticas e que compõem a Tradição cristã latina é chamado de *Depositum Fidei*, Merton, em seu diário sob a forma de um livro-caixa, *vai acumulando particular "Depósito de memória". Depósito em fluxo contínuo que se encerrará somente com sua morte.* (Depois, passou a anotar em cadernos.)

Como foi dito, os *journals* são abertos pelo signo daquela que é, para Merton, a mais alvissareira das novidades: sua conversão ao cristianismo. E ele inicia sua escrita, dizendo querer consignar câmbios, mudanças, avanços espirituais ao longo do tempo. Porém, será exatamente a passagem do tempo que o fará escrever:

> Manter um diário me ensinou que não há nada assim tão novo na vida interior como às vezes a gente pensa. Quando você relê seu diário, constata que sua descoberta mais nova é algo a que já havia chegado cinco anos atrás. Ainda assim é verdade que penetramos cada vez mais fundo nas mesmas ideias e nas mesmas experiências.

Nada espantoso, por sinal. Diários espirituais, tradicionalmente, contabilizam repetições exaustivas, como observou Hannah Arendt em sua conhecida análise do *Diário de uma alma*, de Angelo Roncalli, futuro Papa João XXIII.

No caso de Merton, ele repete seus temas na sequência do tempo circular cristão, tempo ritmado pela liturgia (pela "repetição do mesmo"), e, no caso monacal, pela recitação do ofício divino. Não sem motivo, nos *journals*, Merton faz inúmeras indicações relativas ao tempo litúrgico então corrente, quase sempre no cabeçalho da anotação a iniciar. São indicações do santo do dia, do período litúrgico vivido (Advento, Quaresma, p. ex.) etc.

Assim ocorreu quando Merton ingressou como postulante na Abadia de Gethsemani. No início da nota referente a este dia, Merton assinala: "Dia de Santa Lúcia, 13 de dezembro de 1941". Já em 8 de dezembro de 1968, poucas horas antes de falecer, ele desloca a indicação da solenidade católica do dia, uma celebração mariana, para o último parágrafo. Merton utiliza a data para informar o que fará na sequência: "Hoje é a Festa da Imaculada Conceição. Em pouco tempo, deixo o hotel. Direi missa na Igreja de São Luís [...]".

Entre estas duas anotações, no espaço de quase vinte e sete anos, Merton invocou os santos católicos em seus dias festivos. Acredito que, para Merton, tratava-se de operar movimento unificador entre progressão da vida religiosa individual (e a contabilização dela) e o calendário oficial da Igreja latina. Em resumo: *os diários de Merton, em sua organização interna, se harmonizam com o tempo litúrgico da Igreja romana.*

E ao sabor do contínuo passar dos dias santificados, festividades consignadas no vai-e-vem do calendário católico, Merton, em seus *journals*, visita e revisita continuamente determinados temas. Assim, ao discuti-los e aferir o impacto desses assuntos nele próprio, e*le constrói especial litania, litania da memória, arquivo de si mesmo e de sua experiência diária por anos sucessivos.* Exercício memorial, memória de seu cotidiano, que é firmada por repetições de assuntos. Recorrências temáticas que dizem respeito, p. ex., a assuntos internos da abadia ou da Igreja Católica; acontecimentos da política doméstica dos Estados Unidos e também mundial; debates culturais da época, com indicações de leituras realizadas pelo monge, leituras estas bem diversificadas. Até descrições detalhadas das condições climáticas e dos sonhos de nosso autor são consignadas de forma contumaz.

E qual a recorrência mais marcante nos diários em questão? Ela diz respeito à própria atividade de Merton como homem de letras. Merton, é sabido, escreveu livros e outros textos por décadas ininterruptas. Tratava-se de atividade anterior à adoção da vida religiosa e que, após esta, ganha força e será tomada como complementar a sua conversão cristã e opção monástica. Ofício da escrita, pois, crucial para a autodefinição de Merton. Nesse sentido, em 1966, ele declara: "Escrever pode estar, para mim, bem próximo da simples ocupação de *existir* [...]".

Mais que monge, portanto, Merton foi um monge-escritor. E ele liga a escrita ao processo de sua elevação espiritual. Bom exemplo vem deste trecho de seus diários, de setembro de 1949:

> [...] parece-me que a escrita, longe de ser um obstáculo à perfeição espiritual em minha própria vida, tornou-se uma das condições das quais minha perfeição dependerá. Se eu for ser um santo – e não me ocorre pensar em nada mais que deseje ser –, parece-me que devo chegar lá escrevendo livros num mosteiro trapista. [...] Ser um monge tão bom quanto eu consiga e permanecer eu mesmo e escrever sobre isso. Colocar-me numa folha de papel, nessa situação, com a mais completa simplicidade e integridade [...].

É exatamente esta busca da "completa simplicidade" pela escrita que é ameaçada paradoxalmente [...] pelo ato de escrever. Ou pelo sucesso que dele pode vir e, com efeito, veio. Assim, nos diários, flagra-se Merton dividido entre a vocação literária (a qual não desejava ter de abrir mão) e o temor que seu sucesso como escritor pudesse comprometer o cultivo das virtudes monacais (entre elas, a humildade).

Quando a autobiografia *A montanha dos sete patamares* tornou-se sucesso de público e crítica, Merton, nos diários, reiterou o risco da vaidade, valendo-se de registro irônico:

> Sobre *A montanha dos sete patamares*: dois Clubes do Livro e a *Catholic Literary Foundation* de Milwaukee já garantiram a venda de 14 mil exemplares. A segunda reimpressão já está a caminho. E eu digo a mim mesmo: "Atenção! Talvez este negócio vá virar toda sua vida de cabeça para baixo mesmo!" Peguei-me pensando: "E se eles fizerem um filme, com Gary Coper como herói?" [...] Não ouso ouvir muito de perto por temer escutar Dom Benedict [Berger, antigo abade de Gethsemani] se virar em seu túmulo.

Trata-se de conflito duradouro e não resolvido. Dez anos depois da anotação acima citada, ele escreve: "Cada vez mais vejo a necessidade de abandonar minha própria ridícula 'carreira' de jornalista religioso".

E se o sucesso representa risco em vida, a perspectiva de ser lembrado após a morte também incomodava o monge (e igualmente o atraía). Em 1967, reportando-se à constituição, na *Bellarmine University*, do *Thomas Merton Studies Center*, centro onde sua memória seria preservada, ele observou nos diários: "[...] todo esse negócio de arquivar e catalogar cada pedacinho de papel no qual alguma vez escrevi! Que comédia! Mas eu gosto disso e coopero de todo coração, porque imagino que é para valer. Que eu permanecerei [sobreviverei], que serei uma pessoa estudada e comentada. Isso é um problema, cara!"

Nesse trecho, Merton tenta se afastar tão somente da pretensão ao sucesso em vida. Perturbava-o, como cristão devoto, pleitear, pela preservação de sua memória, a imortalidade, prerrogativa que o crente pode atribuir apenas a seu Deus.

Isso tudo considerado, a Merton coube enfrentar a questão: *escrever ou silenciar? Este dilema acompanhou-o ao longo de todos seus diários. Nada, nenhum assunto, parece superar tal discussão interior.*

Debate, como se viu, já perceptível nos anos de 1940. Debate que, até sua morte, em 1968, permaneceu sem definição, tendo nosso autor oscilado entre um polo e outro – ou tentado estabelecer algum equilíbrio entre eles, em seu cotidiano. No final de 1962, por exemplo, ele afirma estar: "[...] procurando sempre o equilíbrio certo entre estudo, trabalho, meditação, responsabilidade para com os outros e solidão".

Escrever ou silenciar. Merton gravou nos diários seus câmbios de disposição, pendendo, por vezes, para a atividade de escritor, *tomada como missão*, e, por outras, para o elogio do silêncio. E jamais se definiu. Poucos meses antes de falecer, ele afirma estar muito cansado de falar e escrever. Entretanto, *Merton continuou escrevendo até o fim.* De 1965 a 1968, ele teve dez livros editados, produzindo ainda o suficiente para que dele fossem editadas algumas obras póstumas. Observe-se que esse é o período no qual, sem deixar o terreno ocupado pela Abadia de Gethsemani, ele esteve, a maior parte do tempo, recolhido em eremitério mandado erigir para este propósito, diminuindo consideravelmente suas atividades comunais.

Enfim, não obstante as reiteradas declarações acusando a vontade de silenciar e de se abster da arena pública, imergindo no silêncio tão valorizado pela Regra Beneditina, movimento em potência acirrado pela opção por viver no eremitério, Merton perseverou nas lides literárias, mantendo sua voz ativa na sociedade contemporânea. Presença essa reforçada por seu vastíssimo epistolário, coleção de cartas enviadas, por décadas, a amigos próximos e distantes, religiosos, intelectuais, personalidades.

O ativismo de Merton não foi uniforme ao longo do tempo. Nos primeiros anos após a conversão e a ida para a Abadia de Gethsemani, prevaleceu atitude crítica em relação à Modernidade, especialmente por seu laicismo e o que Merton entendia ser o abandono dos valores espirituais. Diagnóstico bem expresso na citada autobiografia *A montanha dos sete patamares* (seu trecho inicial é revelador). Visão de mundo que, após processo não linear, altera-se significativamente a partir da segunda metade dos anos de 1950.

Trata-se de transformação importante, mudando sua maneira de pensar a fé e as consequências de ser cristão no mundo. Assim, Merton passa da crítica à sociedade contemporânea à postura mais pluralista em relação a ela, mudança nítida em seus livros. *Câmbio antecipado, refletido, preparado nos journals*. De outra forma: *creio que os diários, entendidos como exercícios espirituais [Hadot], não apenas dão conta da transformação mertoniana, eles antes a possibilitam*.

Reitero, pois, ponto crucial: como mudar significa incorrer em riscos, Merton, em seus diários, exercitou o controle de sua trajetória. Registrando minuciosamente o dia a dia vivido por ele, buscou organizar seu itinerário – ou sua ascensão metafísica –, enquanto cristão e religioso trapista, rumo a seu Deus. Assim, os *journals* podem ser concebidos como espécie de "diário de bordo" e também como "guia de viagem", textos cujo propósito era ajudar nosso autor a trilhar caminhos seguros entre os homens e em direção aos céus.

Importante evitar pedras de tropeço, controlar riscos e paixões com o papel e a pena. Ideal de controle que ele fez questão de registrar nos próprios diários em recorrentes ocasiões. Numa delas, no final de 1949, ele é direto: "*Cada coisa que escrevo aqui é somente para a orientação*, devido a minha constante gravitação fora da solidão. Servirá para lembrar-me como voltar para casa".

Encontrar o caminho entre os homens e rumo aos céus. Caminho que, sendo humano, apresenta-se sinuoso. Nos *journals*, Merton consignou variados momentos de turbulência, como ilustra nota datada de outubro de 1952, na qual ele, após declarar estar passando por uma crise nervosa, diz: "Penso que é bom escrever sobre isto". Mesmo procedimento, refletir pela escrita, é repetido quando ele vive forte atração por enfermeira, identificada apenas pela letra inicial "M.", jovem que cuidou dele em período de enfermidade.

Ter como meta encontrar o caminho. Sob esse prisma, os *journals* constituem peça importante na autodisciplina de Merton, para que ele refletisse sobre sua ação e, quando era o caso, corrigisse seus atos. Assim, no limiar de seu quinquagésimo aniversário, nosso autor confirma ser preciso disciplinar-se continuamente, recordando a "necessidade de constante autorrevisão".

Escrita e controle: é disso que se trata. Aqui, quero chamar atenção para um risco em particular. Aquele que decorre de certas mudanças de posicionamento. Como aqueles na forma de se conceber a fé e suas consequências públicas. Ou na maneira de interpretar o papel do monge na sociedade secular. (Erasmo de Rotterdam já mencionara, séculos atrás, a tentação que paira sobre os que se abrem ao novo. Perigo majorado para alguém como Merton, religioso sob voto de obediência, em ordem bastante tradicionalista.) Seja frisado, cabia a Merton construir um caminho prudencial, por intermédio do qual pudesse *permanecer católico e monge, transformando-se*. Mudança impactante aos olhos de muitos: afinal, Merton passou de cristão refratário à Modernidade, na chave conservadora (se é que tal rótulo se aplica com precisão a ele), a espécie de símbolo da contracultura católica dos anos de 1960 (concorde-se ou não também com esta última proposição, aceita, por exemplo, por James Terence Fisher em *The Catholic Counterculture in America*).

De concreto, sabe-se que nosso autor, ao assumir posicionamentos inovadores, enfrentou, em repetidas ocasiões, problemas com a censura eclesial.

O maior deles estava relacionado a seus escritos em favor da paz e contra a corrida nuclear, durante a Guerra Fria – engajamento tido, por grupos conservadores, como simpático ao comunismo, suspeita que só vai arrefecer com a Encíclica *Pacem in Terris*, de João XXIII, de 1963. Em outra ocasião, chamou a atenção dos censores eclesiásticos a postura de maior abertura do monge em relação a tradições espirituais diferentes da católica romana.

Problemas com a censura que são levados aos *journals*. Assim se deu, por exemplo, em janeiro de 1964, quando Merton expôs o que estava em jogo, em decorrência de seus câmbios: "Minhas ideias estão sempre mudando, sempre se movendo em torno de um centro, sempre considerando o centro a partir de algum outro ponto".

Em resumo, sua identidade católica lhe era central, basilar. E, a partir dela, deste centro, e cuidando de não pôr em risco sua pertença ao rebanho católico, ele propôs abordagens surpreendentes para número considerável de fiéis igualmente católicos.

Tal transformação interior – que, de forma complexa e não retilínea, vai tomando corpo – irá se traduzir em ação pública, ainda que concebida dentro dos muros do mosteiro. Mudança que, como vimos, levou o monge a abraçar a causa do pacifismo e do desarmamento nuclear. E que o fez condenar a guerra do Vietnã, classificada, em livro de 1968, de "atrocidade esmagadora". Sentimento que Merton já revelara nos diários, como em trecho de 1965. Ali, ele relata a leitura, no refeitório da abadia, de mensagem papal condenando o conflito no Sudoeste Asiático. Merton recorda que Paulo VI condenava o bombardeamento de populações civis, a morte de reféns, a tortura de prisioneiros. E se pergunta: "Será que as pessoas desse país [dos Estados Unidos] se dão conta de quem o papa está falando? A esta altura elas se tornaram tão solidamente convencidas de que o papa nunca denuncia ninguém, a não ser os comunistas, que há muito cessaram de ouvir. Os monges parecem saber. A voz do leitor treme".

Merton também se envolveu em campanhas contra a segregação racial e a favor dos direitos civis, lutas de imensa repercussão dentro e fora dos Estados Unidos, envolvimento revelado em vários de seus textos publicados nos anos de 1960. A este propósito, ele escrevera em seu diário: "Lendo Martin Luther King [Jr.] e a simples e comovente história do boicote aos ônibus em Montgomery. Especialmente interessado não apenas nas ações principais, mas na história de seu próprio desenvolvimento espiritual. Eis, certamente, alguma coisa cristã na história de nosso tempo" (maio de 1965).

Merton posicionou-se de maneira progressista em outros assuntos, aí incluído seu interesse pela América Latina. Interesse que fez com que emitisse juízos negativos em relação à atuação dos Estados Unidos, na região. Na mesma linha interpretativa, ele criticou o papel da Igreja latino-americana na construção da situação de exclusão e miséria locais. *Posicionamentos públicos que, antes de serem publicados em texto, são objeto de reflexão nos diários.* Posicionamentos que o monge justifica nos diários como decorrentes de sua identidade católica: "Ser verdadeiramente 'católico' é ser capaz de importar-se com os problemas e alegrias de todos e ser todas as coisas para todos os homens".

Seja destacado que, nesta anotação, de julho de 1961, Merton se antecipa ao notável parágrafo de abertura do Constituição *Gaudium et Spes*, do Concílio Vaticano II. Ele, assim, esteve entre os que anteciparam e defenderam posturas eclesiológicas (e políticas) liberais que triunfariam no *aggiornamento* católico de meados dos anos de 1960.

A transformação de Merton seria comparável à nova conversão religiosa. Ele "reconvertera-se" à eclesiologia diversa daquela reativa prevalente na época em que fora admitido na Igreja. Transformara-se, transformando também a forma de ver as implicações da fé no mundo secular, mundo visto pelo monge, a partir da segunda metade dos anos de 1950, sob lentes mais pluralistas.

Nesta mudança, os *journals* foram mais que necessários. Eles foram, creio eu, imprescindíveis. A propósito, retornando ao dilema mertoniano quanto à manutenção de sua atividade literária, ele afirmou, em março de 1961, que seus diários e suas notas seriam as últimas coisas que deixaria de escrever.

Assim, por meio dos *journals*, Merton tratou não apenas de aplacar seus temores quanto aos efeitos potencialmente deletérios que o sucesso literário pudesse acarretar em sua trajetória monacal. Ele, valendo-se da escrita dos diários, tentou controlar todo seu itinerário, como cristão e monge, no tenso e contestador século XX. Mais que isso, segundo seu próprio testemunho (citado anteriormente), ele foi capaz de mudar de ideias, movendo-se em torno de um centro sem desprender-se dele. Isto é, Merton habilitou-se a transformar-se enquanto mantinha-se fiel ao que lhe parecia principal, a pedra angular.

Finalizando, gostaria de associar uma última imagem aos diários de Thomas Merton. Com base na teleologia cristã, que apresenta a vida como peregrinação ascensional rumo aos céus, afirmei acima que os diários mertonianos seriam um misto de "diário de bordo" e "guia ou roteiro" desta viagem metafísica. Recordo, agora, Clemente de Alexandria, autor cristão nascido em 150 e sobre quem Merton, seu admirador, publicou livro, em 1962. Como se sabe, entre as obras mais conhecidas de Clemente está *Stromata*, palavra grega que seria traduzida para "Tapetes" ou "Tapeçarias". Nela, Clemente buscou tecer comentários filosóficos variados à luz da revelação cristã. Creio que, em seus *journals*, Thomas Merton, a sua maneira, foi agregando experiências e pensamentos plurais, costurando-os pelos fios da memória e pelos fios da fé. Resulta daí impressionante corpo documental. Precioso bordado – ou imensa tapeçaria – que retrata, minuciosamente, o cativante, por vezes contraditório, e sempre humano itinerário de um surpreendente cristão do nosso tempo.

Thomas Merton e o budismo

Pe. James Wiseman*

Comentários introdutórios sobre a vida de Buda

Assim como o cristianismo pega seu nome do que originalmente era o título de uma pessoa, "o Cristo", indicando que Jesus de Nazaré era "o ungido", o budismo tira seu nome do título de um homem que pode ser conhecido como "o iluminado", ou "o despertado" (os dois termos são uma tradução aceitável da palavra "Buda"). Não há como saber o ano de seu nascimento ou morte, mas ambos provavelmente ocorreram em algum momento no V século antes da era comum. Ele nasceu onde se situa o Nepal dos dias de hoje, na família Gautama, de casta guerreira, sendo o seu pai um membro do conselho governante do clã Sakya. Os primeiros textos não incluem seu nome pessoal, porém, nos posteriores, estava escrito Sidarta, que significa "aquele que atingiu seu objetivo". O início de sua vida foi de relativo luxo. Quando jovem adulto, se casou com uma mulher chamada Yasodhara, que lhe deu um filho chamado Rahula, de modo que, a todos a sua volta, parecia que Sidarta tinha tudo que alguém poderia querer na vida. Contudo, ele estava perturbado por certos aspectos das condições humanas que pareciam inevitáveis: velhice, doença, morte. Textos posterio-

---

* Professor emérito aposentado da Catholic University of America (CUA).

res expandem isso com uma história encantadora que alega que seu pai tentou manter o conhecimento dessas coisas longe do filho, porém, eventualmente, em viagens de carruagem fora do terreno do palácio, um dia Sidarta viu um velho homem decrépito; em outro dia, alguém sofrendo terrivelmente de uma doença e, em um terceiro dia, um cadáver. Essas são as três primeiras das chamadas Quatro Visões de Passagem, sendo a última a visão de um monge placidamente sentado na posição de lótus, imperturbável com todo o sofrimento ao seu redor. O texto diz que essa última visão o levou a se recordar de uma época em sua própria vida em que ele havia entrado em um estado de meditação calma, levando-o a suspeitar que poderia muito bem existir uma maneira de lidar com todas as insatisfações que encontramos na jornada de nossas vidas.

Convicto de que nunca ficaria em paz se permanecesse com sua família, diz-se que ele a teria deixado sob o manto da escuridão para abraçar a vida de mendigo errante, buscando a sabedoria e a verdade que responderiam à sua angústia espiritual. Durante algum tempo, ficou com um professor espiritual e aprendeu com ele um tipo de meditação profunda e absorta na qual todas as coisas existentes pareciam desaparecer, porém, descobriu que, quando retornava desse estado similar ao transe, os velhos problemas ainda estavam com ele, então essa não era a resposta. Em outra ocasião, se juntou a um grupo de cinco ascetas e com eles buscou mortificação tão severa e jejuou tanto, que se dizia que ele podia tocar sua barriga e sentir sua coluna vertebral. Essa, também, não era a resposta, e estava, apenas, o levando próximo à morte corporal. Finalmente, sentindo que uma descoberta estava a caminho, ele decidiu sentar--se sob uma árvore no que agora é o estado de Bihar, no nordeste da Índia, onde ficou determinado a permanecer até que atingisse a iluminação que buscava. Alguns dos textos budistas entram em grandes detalhes sobre as várias tentações com as quais o terrível demônio Mara o confrontou, mas Sidarta resistiu bravamente a todas e atingiu a iluminação, descrita nessas palavras em uma das últimas escrituras:

> Eu verdadeiramente me esforcei e me empenhei, meu pensamento era firme e focado, meu corpo estava tranquilo e

> passivo [...]. Minha mente se tornou concentrada, purificada, limpa [...]. Percebi [a verdade sobre] as condições insatisfatórias da vida, [a natureza da insatisfação, sua causa, o seu cessar e o caminho para cessá-la]. Quando percebi isso [...]. Minha mente ficou livre da corrupção pela ignorância, e conforme eu me tornava livre, *percebi* que eu era livre[115].

Nesse ponto, o jovem homem entrou em um estado nirvânico e não podia mais ser adequadamente chamado de Sidarta Gautama, mas, em vez disso, passou a ser chamado de "o Iluminado" (o Buda), ou de "o Sábio do Clã Sakya" (Sakyamuni), livre dos venenos do ódio, cobiça e ignorância, mesmo que ainda estivesse sujeito à dor física e à morte corporal.

Como se sabe, existem muitos sermões e outros ensinamentos do Buda que chegaram até a nós em documentos chamados *sutras*, ou seja, discursos. Para nossos propósitos, bastará nos voltarmos ao que é chamado de seu Primeiro Sermão, pregado para aquele grupo de cinco ascetas com os quais ele vivera anteriormente, e que agora se tornaram seus primeiros discípulos. Ocorreu em um campo de cervos, próximo à cidade sagrada de Benares, e engloba as Quatro Nobres Verdades – "nobres" porque têm se mostrado efetivas e porque é preciso uma pessoa nobre e corajosa para vivê-las honesta e corajosamente.

A primeira de tais verdades é a do *duhkha*, um termo sânscrito geralmente traduzido como "sofrimento", mas, conforme mostrarei, com um significado muito mais amplo do que aquele que normalmente compreendemos por "sofrimento". No texto que chegou a nós, o Buda descreve: "Agora isso, ó monges, é a verdade do *duhkha*. Nascimento é *duhkha*, a idade avançada é *duhkha*, e morte é *duhkha*. Pesar, lamentação, rejeição e desespero são *duhkha*. O contato com coisas desagradáveis é *duhkha*, e a separação dos desejos de alguém é *duhkha*"[116]. Essa palavra, *duhkha*, pode literalmente se referir a um eixo que está descentralizado, levando o veículo a oscilar e colidir conforme se move pela estrada, porém textos posteriores enfatizam que o termo não se refere apenas às coisas que são mais ou menos obviamente desagradáveis. A própria impermanência das coisas ao nosso redor ou o nosso próprio estado mental, toda a rede complexa do que os budistas chamam de "ascensão dependente" – que indica que nada tem a sua realidade própria, independente e substancial – são, em si, a causa do sofrimento que a tudo permeia.

A Segunda Verdade Nobre cita a causa de todo esse sofrimento: "Agora isso, ó monges, é a nobre verdade da causa do *duhkha*: aquele anseio que leva ao renascimento, combinado com o prazer e paixão, encontrando prazer aqui e ali. Esse é o anseio pelo prazer sensual, o anseio de tornar-se um devir contínuo e anseio de não se tornar isso". A palavra aqui traduzida como anseio é, em Pali antigo, *tanha*, que literalmente significa "sede". Isso inclui não apenas sede ou anseio pelos prazeres relativamente brutos de glutonia ou paixão sexual, mas também o apego às próprias opiniões e pensamentos, desejando avançar em sua posição social, evitando pessoas que parecem ser ou de fato são incompatíveis, e coisas do tipo. Contudo, ainda mais profundo do que esse anseio é nossa ilusão fundamental, nossa ignorância da impermanência universal e da verdade de que, em última instância, não há um ego permanente, substancial, nem sequer para ser o apreciador das coisas desejadas, apesar do fato de que há um apreciador em um sentido superficial e convencional.

Após esse diagnóstico sóbrio do problema e de sua causa, a terceira verdade promete uma saída. Em seu primeiro sermão, o Buda mencionou isso bem sucintamente: "Agora isso, ó monges, é a nobre verdade da cessação do *duhkha*. É a cessação completa desse próprio anseio, desistindo dele, renunciando, soltando-se dele, separando-se dele". Isso é, de fato, o que os budistas querem dizer com Nirvana, a extinção de todas as insatisfações da vida.

Para o Buda, a única coisa que importava não era definir o Nirvana, mas descrever o caminho que leva a ele, chamado de Nobre Senda Óctupla, e isso ele fez nas Quatro Nobres Verdades: "Agora isso, ó monges, é a nobre verdade do caminho que leva à cessação do *duhkha*. Essa é a Nobre Senda Óctupla, a saber, Compreensão Correta, Pensamento Correto, Ação Correta, Subsistência Correta, Esforço Correto, Consciência Correta e Concentração Correta". Não há tempo aqui para discutir cada uma dessas sendas em particular. Eu apenas mencionaria que elas se organizam em três divisões: os dois primeiros passos estão sob a categoria de "visão adequada" ou "sabedoria" (*pranja*, em sânscrito), os próximos três sob a categoria de conduta apropriada (*sila*), e as três últimas sob a categoria de "prática adequada" (*samadhi*).

Pelos próximos quarenta e cinco anos, o Buda caminhou pelo norte da Índia ensinando aos monges que eram seus seguidores mais próximos, pregando para pessoas leigas e dando conforto àqueles que iam até ele com seus problemas. Quando estava prestes a morrer, com a idade de 80 anos, ele reuniu a comunidade monástica ao seu redor e disse suas últimas palavras, um resumo dos principais ensinamentos budistas de ascensão e impermanência, juntamente com o encorajamento de perseverar ao longo do caminho que leva à iluminação, liberdade, Nirvana. Ele disse: "Agora, ó monges, eu declaro que todas as coisas condicionadas do mundo estão passando. Atenham-se à sua libertação com diligência".

Budismo Theravada

Após o Buda passar para o que é chamado de *parinirvana,* ou seja, a plenitude do Nirvana, onde nem mesmo a doença física poderia afetá-lo, seus seguidores se comprometeram a preservar seus ensinamentos com o melhor de suas habilidades. Eles o fizeram em três concílios importantes, sendo que o primeiro ocorreu um ano depois do *parinirvana.* Diz-se que, aqui, um de seus seguidores explicou quando e porque Buda havia determinado cada uma das regras da ordem monástica, enquanto outro discípulo falou sobre seus vários discursos e também sobre certos "ensinamentos superiores". Tudo foi transmitido por tradição oral antes de ser escrito, vários séculos depois, nas três coleções ou "cestas" conhecidas como *Tripitaka.* Isso veio a ser conhecido como o Cânone Pali, em homenagem à língua em que primeiramente fora escrito.

Cerca de cem anos após o primeiro concílio ocorreu um segundo, principalmente para tentar solucionar várias questões que haviam surgido a respeito das regras monásticas. Parece ter havido um desacordo persistente mesmo após esse concílio, levando a um cisma, no qual um partido chamou-se Theravada, que significa o caminho dos anciãos. Um subsetor desse grupo, mantendo o mesmo nome Theravada, veio a tornar-se a principal forma de budismo na Ilha de Sri Lanka, de onde se espalhou para as regiões vizinhas no Sudeste Asiático, especificamente os países que hoje são conhecidos como Mianmar, Tailândia e Camboja. Nessa forma de budismo os monges tradicionalmente têm sido especialmente proeminentes. Aqueles que vivem nos mosteiros da cidade concentram-se em estudar a doutrina budista, realizando rituais e servindo os leigos, que por sua vez dedicam-se a apoiar os monges com suas esmolas, enquanto aqueles nos mosteiros das florestas devotam a maior parte de seu tempo à prática da meditação.

Talvez o melhor resumo do ensinamento Theravada seja encontrado na obra chamada *O caminho da purificação*, composta pelo Monge Buddhaghosa no século V da nossa era. Alguém que completou todo esse caminho de purificação é chamado de um *arhat*, "o digno" que alcançou o despertar ou iluminação e irá, com a morte corporal, entrar no *parinirvana*. Alcançar o estado de um *arhat* é, portanto, uma meta do budismo Theravada, no qual tradicionalmente se assume que apenas aqueles vivendo em mosteiros têm o tempo e as circunstâncias auspiciosas necessárias para seguir o caminho até o final, e os leigos normalmente esperam adquirir *carma* bom o suficiente nessa vida para renascer como monge em alguma vida futura. Também deve-se notar que um *arhat*, mesmo que plenamente iluminado, não deve se chamar de Buda, porque apenas o último atinge a iluminação por conta própria e não ao seguir o caminho proposto por outro.

Budismo Mahayana

Vamos agora observar outra grande divisão dentro da tradição budista, a Mahayana, que significa "grande veículo" ou "grande jangada", capaz de carregar muitas pessoas até a margem mais distante da iluminação. Já em um dos primeiros textos Pali há o relato de uma pessoa chamada Sumedha, que viveu há muitas eras, e que decidiu não se esforçar para se tornar um *arhat* seguindo alguém que já estava iluminado, mas, ao invés disso, seguir o Caminho do

Bodhisattva, literalmente "aquele que se tornou desperto". Sumedha optou por devotar todas as suas várias vidas bodhisattvas para ajudar os outros a se tornarem iluminados e, então, ele finalmente ressuscitou como Sidarta Gautama e se tornou aquele que conhecemos como Sakyamuni, ou "o Buda histórico". Alguns acadêmicos devotaram suas vidas a estudar apenas uma das várias linhagens Mahayana, tal como *T'ien-t'ai*, *Madhyamika*, *Shingon*, ou Terra Pura. Como uma das que mais interessava a Thomas Merton era aquela conhecida na China como *Ch'an*, e no Japão como Zen, discutirei apenas essa, e mesmo assim bem brevemente.

A tradição diz que essa linhagem foi trazida da Índia para a China por um monge chamado Bodhidharma, por volta do ano de 470 da nossa era. Um acadêmico moderno, Donald Mitchell, praticante Zen por cerca de dez anos, escreveu que "Ch'an ensina que, para se atingir [a] repentina virada na consciência que revela a natureza Buda [de alguém], é preciso negar todas as distinções e conceituações através da quietude meditativa da mente"[117]. Isso está de acordo com uma estrofe poética composta por volta do século XI, mas atribuída a Bodhidharma:

> Uma tradição especial fora das escrituras;
> Sem dependência de palavras e letras.
> Uma indicação direta na mente;
> Vendo ali a sua própria natureza, e alcançando a Budeidade[118].

Estaria errado concluir, com base nessa estrofe, que não há espaço para leitura das escrituras no budismo Ch'an ou Zen, ou que você não encontraria um debate vigoroso entre os vários seguidores dessa tradição sobre o significado desse ou daquele ponto da doutrina budista, mas o relacionamento entre um discípulo e seu mestre, é especialmente proeminente aqui.

Vindo da China, o *Ch'an* parece ter estado presente no Japão a partir do século VII, porém, a pessoa geralmente reconhecida como o fundador do Zen budismo foi um homem chamado Eisai, que morreu em 1215. Tendo sido criticado por tentar introduzir um ensinamento e uma prática considerada heterodoxa pela escola

Tendai, Eisai escreveu um trabalho intitulado *Propagação do Zen em defesa do país,* no qual ele fez a seguinte alegação: "ao estudá-lo, descobre-se a chave essencial para todas as formas de budismo. Ao praticá-lo, a vida de alguém é preenchida com a percepção do Despertar. Em termos externos, o Zen enfoca a disciplina sobre a doutrina; internamente, traz a mais profunda sabedoria interior para alguém. É disso que se trata a Escola Zen"[119].

Budismo Vajrayana

Finalmente, para fim de concluir esse levantamento demasiado rápido do budismo, eu me volto ao Vajrayana, "o veículo de diamante", encontrado especialmente no Tibet. Alguns acadêmicos consideram Vajrayana um desdobramento do Mahayama, outros o consideram distinto o suficiente para categorizá-lo como uma terceira forma maior, junto ao Theravada e ao Mahayana. Esse é um desacordo acadêmico menor, com o qual não precisamos nos preocupar. Como é de se esperar, o budismo entrou no Tibete pela Índia. A princípio, sofreu uma forte resistência por ser completamente contrário à religião indígena xamânica de Bön, contudo, sob o reinado de Songtsen Gampo, no início do século VII, isso mudou. Unindo-se em casamentos políticos a duas esposas que eram ambas budistas (uma do Nepal e a outra da China), ele se tornou favorável à religião e enviou estudiosos à Índia para trazer de volta textos budistas e traduzi-los para o tibetano. A prática do Vajrayana é auxiliada pelo uso de mandalas, diagramas circulares que contêm "imagens de uma divindade em seu reino celestial, junto com símbolos e imagens que descrevem as virtudes iluminadas associadas à divindade e que indicam o cerne das ideias e dos ideais budistas"[120]. Também característico do Vajrayana é *dzogchen,* uma prática que significa "Grande Perfeição" e que vai além das visualizações do Tantra para vivenciar a natureza essencial da própria mente, que é originalmente "pura e livre de todas as contaminações". Aqueles que são reconhecidos como professores espirituais nessa linhagem são denominados lamas, sendo que o mais importante deles, é obviamente, o Dalai Lama, que frequentemente refere-se a si mesmo antes de tudo como um monge, e que ficou amigo de Merton durante a viagem deste à Ásia.

O que todas as linhagens budistas têm em comum

Antes de se voltar para os próprios interesses de Merton sobre o budismo, quero fazer mais uma observação, talvez a mais importante de todas. Até agora foquei mais no que distingue os ensinamentos e práticas do Theravada, Mahayana e Vajrayana. Em relação ao que eles têm em comum existe, como é de se esperar, a aceitação universal das Quatro Nobres Verdades como algo fundamental, mas isso poderia dar a impressão de que, em pelo menos alguma escola ou linhagem, essas verdades simplesmente sejam vistas como um caminho para a iluminação própria de alguém. De fato, livros sobre o budismo às vezes indicam que o ideal Theravada é mais uma busca autocentrada pelo Nirvana no papel de um *arhat*, enquanto o Mahayana é caracterizado pelo desejo altruísta de *bodhisattava* de levar todos os seres à iluminação. Isso é, realmente, uma terrível hiper-simplificação. Como um professor Theravada claramente explicou, "A mensagem [de Buda] da libertação de 'todos os seres' é de que o anseio é a causa do sofrimento, que o fim do sofrimento é possível, que a paz é possível nessa vida, [e] que essa compreensão leva à sabedoria, *que se manifesta como uma compaixão em relação a todos os seres*. Essa mensagem que a Theravada proclama permanece central ao budismo ao longo de seus 2.500 anos de evolução ao longo de diferentes culturas e tempos"[121].

O modo como essa compaixão tem sido vivida foi melhor ilustrado por algo que ouvi uma vez em um diálogo budista-cristão, ocorrido na Abadia de Gethsemani, em 1996. Entre os presentes estava o patriarca dos budistas cambojanos, um monge Theravada chamado Maha Ghosananda. Ele contou que, em uma conferência das Nações Unidas ocorrida em 1981 para discutir o futuro do Camboja após o genocídio praticado pelos seguidores de Khmer Vermelho de Pol Pot, ele participou de uma cerimônia budista pela paz. Depois disso, um líder do Khmer Vermelho se aproximou dele muito cautelosamente e lhe perguntou se ele construiria um templo budista na fronteira entre o Camboja e a Tailândia. Ghosananda disse que sim, deixando alguns de seus seguidores se perguntando por que ele concordaria em ajudar alguém que havia sido um inimigo tão feroz, mas Ghosananda os lembrou de que o amor abraça todos os seres, tenham mentes nobres ou não, quer sejam bons ou maus. De fato, esses últimos são os que mais necessitam de amor caridoso, porque em muitas dessas pessoas a semente da bondade pode ter morrido por ter lhe faltado calor. Ele seguiu dizendo que não podemos evitar que os ensinamentos de Jesus estejam relacionados ao Sermão da Montanha: "Não questiono que amar os opressores [...] pode ser a atitude mais difícil de se alcançar. Mas é uma lei do universo que retaliação, ódio e vingança apenas continuam o ciclo e nunca o interrompem. Reconciliação [...] significa que nós vemos a nós mesmos no oponente – sendo que o oponente não é nada senão um ser em ignorância, e nós mesmos também somos ignorantes em muitas coisas. Portanto, apenas a ternura amável e a mentalidade correta podem nos libertar"[122].

A mesma ênfase pode ser encontrada no budismo Vajrayana, conforme praticado especialmente no Tibete. Assim como Maha Ghosananda se relacionou com o Khmer Vermelho com o que ele chamou de uma atitude de "ternura amável e mentalidade correta", o Dalai Lama tem mantido uma atitude similar em relação ao governo chinês, que obteve o controle do Tibete a partir da invasão do exército de Mao Tse Tsung em meados do século XX. Mais amplamente, como líder de todos os budistas tibetanos, o Dalai Lama tem ensinado com consistência que a compaixão, ternura amável e sabedoria são os únicos meios para a genuína paz mundial e devem ser praticadas pelos líderes das nações assim como pelos cidadãos comuns.

Por fim, apesar de que um conhecimento superficial do Zen possa levar alguém a pensar que isso é meramente uma questão de sentar-se em meditação na posição de lótus por horas a fio, talvez recitando um koan como "Qual era a aparência de seu rosto antes que seus pais tivessem nascido?", na verdade, essa forma de budismo também enfatiza a prática e a preocupação amorosa com todos os seres vivos, inclusive com aqueles que não são humanos. Quando compareci àquele diálogo budista-cristão na Abadia de Gethsemani, em 1996, geralmente me sentava próximo a um sacerdote Zen japonês chamado Eshin Nishimura. Em uma de nossas sessões, ele recontou a seguinte anedota:

> Conheço um monge Zen amável que costumava viver sozinho em um eremitério no pé de uma montanha próxima a Kobe, no Japão. Logo após a 2ª Guerra Mundial, por causa do bombardeio, havia muitas, muitas crianças mendigando e dormindo sem teto. Quando esse monge ia a Kobe, ele trazia crianças consigo sempre que as encontrava. Logo, seu pobre eremitério estava cheio de garotos e garotas, inclusive bebês. Então, depois da guerra, um de meus [próprios] alunos, que estava estudando em minha universidade, morou no eremitério desse monge. Um dia, esse aluno estava pegando sapos na pequena lagoa próxima ao eremitério. Naquele momento, o monge retornou ao eremitério e encontrou o garoto colocando os sapos em um balde. O monge perguntou: "O que você está fazendo?" O aluno respondeu: "Bem, esses sapos são tão barulhentos que perturbam meu estudo. Então eu os colocarei do outro lado da montanha". O monge disse: "Bem, assegure-se de não esquecer que você ficará aqui apenas por quatro anos. Os sapos ficam aqui por toda a vida deles"[123].

Em uma conversa pessoal comigo, Eshin Nishimura chegou à mesma conclusão: o coração do Zen é ajudar as pessoas a viverem de modo que demonstrem compaixão e preocupação amorosa por todos os seres sensíveis. As horas de meditação, a reflexão sobre um koan, as sessões individuais com um *roshi*, o trabalho feito na cozinha ou no arrozal são realizados para esse fim e, sem isso, não têm valor duradouro. Nesse ponto crucial, o Zen está em sintonia com o Theravada e o Vajrayana. Tendo chegado a essa conclusão, na próxima parte de minha apresentação mostrarei como Merton veio a se interessar por todas essas três linhagens.

Como Merton se interessou pelo Zen budismo

Desde cedo, Thomas Merton era uma pessoa inquisitiva, dada a um amplo escopo de leitura, de modo que, mesmo quando jovem, ele teria aprendido algo das religiões orientais com alguma profundidade, por exemplo, em *Ends and Means,* de Aldous Huxley, que Merton leu durante seus anos na Universidade Columbia. Durante esse mesmo período, ele teve um breve encontro com um monge hindu visitante, Brahmachari, que havia sido convidado a ir a Nova York pela esposa do bom amigo de Merton, Sy Freedgood. Para sua surpresa, quando Merton pediu conselhos a Brahmachari sobre o que ler a fim de obter uma compreensão melhor da vida espiritual, o monge recomendou algo não de sua própria tradição, mas *A imitação de Cristo* e as *Confissões* de Agostinho, efetivamente voltando Merton para sua própria tradição cristã. Ao longo de seus primeiros anos em Gethsemani, ele imergiu ainda mais profundamente no cristianismo, com livros sobre pessoas e tópicos como São Bernardo de Claraval *(The Last of the Fathers*, 1954), a Eucaristia (*O Pão Vivo*, 1956) e várias formas de monasticismos cristãos *(A vida silenciosa,* 1957). Contudo, em meados dos anos de 1950, também começou a ler trabalhos de outras tradições, em particular do Zen budismo conforme descrito nos trabalhos de D.T. Suzuki.

O relacionamento direto entre esses dois homens, que logo se tornou uma amizade, começou com uma carta que Merton escreveu a Suzuki em 12 de março de 1959, que começava com as palavras "Talvez você esteja acostumado a receber cartas de estranhos"[124]. Ele continuou dizendo que havia lido muitos dos livros de Suzuki e sentia uma concordância profunda e íntima com o autor japonês. Junto com a carta, Merton enviou algumas páginas de traduções que havia feito dos primeiros monges cristãos do deserto egípcio, para encontrar neles uma espécie de qualidade Zen a qual achou que Suzuki apreciaria. Continuou expressando a esperança de que Suzuki concordaria em receber todo o manuscrito do que se tornaria o livro Sabedoria do Deserto, e que escreveria algo para a introdução. Após receber uma resposta positiva, Merton escreveu uma carta ainda maior um mês depois, uma eventual conclusão da correspondência, um diálogo de quatro partes entre os dois homens, que fora originalmente publicado pela New Directions, em 1961, e então reimpresso como a parte dois do livro de Merton, *Zen e as aves de rapina*. A amizade deles também propiciou uma das poucas ocasiões em que o abade de Merton, James Fox, lhe permitiu viajar a certa distância do mosteiro. Enquanto Suzuki estava em Nova York, no verão de 1964, Merton conseguiu a permissão para voar àquela cidade. Próximo do campus de Columbia ele teve duas longas conversas com o escritor japonês, que na época tinha 94 anos e estava com a saúde fragilizada. Escrevendo posteriormente sobre o encontro, ele disse que Suzuki "para mim parecia incorporar todas as qualidades indefiníveis do 'Homem Superior' das tradições antigas da Ásia, taoistas, confucionistas e budistas [...]. Uma experiência muito feliz, para dizer o mínimo [...]. As últimas palavras de que me lembro sendo ditas pelo Dr. Suzuki (antes do adeus costumeiro) foram 'a coisa mais importante é o Amor'. Devo dizer que, como cristão, fiquei profundamente comovido"[125].

Se perguntássemos por que Merton sentiu-se especialmente atraído pelo Zen budismo, uma grande parte da resposta foi expressa por ele em *Reflexões de um espectador culpado*, onde deu voz ao que por muito havia considerado uma grande falha no pensamento ocidental desde o início dos tempos modernos. Em suas palavras, "o gosto pelo Zen no Ocidente era, em parte, uma reação saudável de pessoas exasperadas com a herança de quatro séculos de cartesianismo: reificação de conceitos, idealização da consciência reflexiva, uma fuga de estar no verbalismo, na matemática e na racionalização. Descartes fez um fetiche de um espelho no qual o ego encontra a si mesmo. O Zen quebra isso"[126].

Também deve-se ressaltar que alguns estudiosos do budismo têm sido um tanto críticos com a ligação de Merton com Suzuki. Por exemplo, John Jeenan, professor emérito de religião no Middlebury College, em Vermont, escreveu que em décadas recentes, "críticos budistas de D.T. Suzuki deixaram poucas dúvidas de que o budismo que ele apresentou nos anos de 1960 aos Estados Unidos havia sido confeccionado para aquela época e lugar [...]. Seu Zen era muito puro e muito ingênuo, muito simplista, por distorcer tanto a tradição Ch'an/Zen e a tradição budista mais ampla [...]. A tradição do Zen não é menos literata ou rarefeita do que qualquer outra tradição; ela abunda de todas as maneiras de movimentos retóricos chineses. Ela preza a escritura, e valoriza o estudo da filosofia, complicada filosofia [...]"[127].

Contudo, eu mesmo não estou convencido de que Keenan foi justo nessas críticas, pois suas palavras trazem à minha mente uma das parábolas atribuídas ao Buda Sakyamuni. Suponha, ele disse, que um homem foi atingido por uma flecha envenenada. Se seus amigos fossem a um cirurgião para remover a flecha e curá-lo, mas o homem dissesse, "Não, eu não terei essa flecha retirada de mim até que saiba por que tipo de homem fui ferido e de que tipo de madeira o arco foi feito, e se a corda do arco era de fibra de bambu ou de cânhamo, e se o eixo do arco é de uma planta cultivada ou selvagem, e de que tipo de pássaro as penas foram retiradas, e se foi preso com tendão de boi, búfalo ou de um macaco" – verdadeiramente, antes de descobrir tudo isso, o homem morreria. Então, também, o Buda ensinou que não é útil discutir todos os tipos de questões especulativas, tais como se o mundo é eterno ou finito no tempo, ou se corpo e alma são distintos ou feitos do mesmo material, pois elas não contribuem para cessar o *duhkha*. "Então o que eu expliquei?", ele perguntou. "Eu expliquei o *duhkha*, a causa do *duhkha*, a cessação do *duhkha* e o caminho que leva à cessação do *duhkha* eu expliquei, pois isso é útil."

Era essa ênfase prática, não especulativa do Buda Sakyamuni que atraiu Merton em vez daquilo que Keenan chamou de "filosofia complicada", que de fato pode ser encontrada em alguns autores budistas posteriores. Em uma apreciação de Suzuki que seria incluída em *Zen e as aves de rapina*, Merton escreve:

> Parece-me que essa grande e desconcertante exuberância cultural que tem vestido as várias formas do budismo em diferentes partes da Ásia é uma vestimenta chique jogada em algo bem simples. As grandes religiões são todas, de fato, muito simples. Todas elas retêm diferenças importantes e essenciais, sem dúvida, mas em sua realidade interior, o cristianismo, o budismo, o islã e o judaísmo são extremamente simples [...]. E todas elas terminam com a coisa mais simples e desconcertante de todas: confronto direto com o Ser Absoluto, Amor Absoluto, Mercê Absoluta ou Vácuo

Absoluto, por um engajamento imediato e plenamente desperto na vivência da vida diária[128].

Essa ênfase na simplicidade definitiva, que certamente não deve ser chamada de "simplista" em um sentido negativo, tem sido enfatizada pelo estudioso budista Ruben Habito, cujos estudos doutorais em budismo na Universidade de Tóquio lhe dão credenciais tão impressionantes quanto as do Professor Keenan. Escrevendo sobre o que ele chama de "a incorporação do despertar na vida diária das pessoas", Dr. Habito diz que esse é o ponto de verificação mais confiável para saber se uma suposta experiência de iluminação foi genuína ou não. Em suas palavras, "A vida Zen, no final das contas, não é nada senão aquela vivida com fidelidade a cada momento, onde 'apenas estar presente é o suficiente'. É uma vida vivida em cada momento, 'apenas estando lá', onde seja, ou em qualquer circunstância em que alguém possa se encontrar, completamente aberto, ouvindo os prantos do mundo e respondendo ao chamado que o momento traz"[129]. Exatamente de acordo com algo que Merton escrevera décadas antes, ao comentar algumas anedotas estranhas que se encontram na literatura Zen:

> Os dizeres aparentemente misteriosos e cifrados do Zen se tornam muito mais simples quando nós os vemos em todo o contexto da "consciência" ou percepção, que em sua forma mais elementar consiste em "atenção nua" que simplesmente *vê* o que está bem ali e não inclui nenhum comentário, nenhuma interpretação, nenhum julgamento, nenhuma conclusão. Apenas *vê*. Aprender a ver dessa maneira é o exercício básico e fundamental da meditação budista[130].

Merton e o budismo Theravada

Essa citação oferece uma transição quase perfeita do interesse de Merton em outra das grandes linhagens budistas, a Theravada, pois nessa passagem ele cita parenteticamente a principal obra do monge Theravada Nyanaponika Thera, a quem me referi anteriormente. É verdade que Merton escreveu muito menos sobre a Theravada do que sobre o Zen, ou até mesmo sobre o budismo tibetano, mas inquestionavelmente ele valorizou bastante essa tradição. Ele levou uma cópia do livro de Nyananponika, *O coração da meditação budista*, em sua viagem asiática. O primeiro budista com quem ele se encontrou ao chegar na Ásia foi o Monge Theravada Phra Khantipalo, com quem teve uma longa conversa sobre consciência, e quando posteriormente visitou o Sri Lanka, fez questão de se encontrar não só com Nyanaponika, mas também com Walpola Rahula, autor do livro amplamente lido: *Os ensinamentos de Buda*[131]. Além disso, foi nas gigantescas estátuas de pedra dos Budas em Polonnaruwa, no Sri Lanka, que ele teve a experiência bem conhecida que o levou a escrever alguns dias depois:

> Eu fui arrebatado com um ímpeto de alívio e gratidão na claridade *óbvia* das figuras, a clareza e a fluidez da forma e da linha, o desenho dos corpos monumentais compostos no formato e paisagem da pedra, figura, rocha e árvore [...]. Todos os problemas estão resolvidos e tudo está claro, simplesmente porque o que importa está claro [...]. Tudo é vazio e tudo é compaixão. Não sei quando, em minha vida, tive tal noção de beleza e de validade espiritual andando juntos em uma iluminação estética [...]. Não sei o que mais resta, mas agora eu vi e transpassei a superfície e cheguei além da sombra e do disfarce[132].

Merton e o budismo tibetano (Vajrayana)

Ao passo que Merton teve uma atração rápida e duradoura pelo Zen, e ao passo que ele nunca questionou o valor da consciência conforme enfatizado por Nyanaponika e outros escritores Theravada, sua abordagem do budismo tibetano, "o veículo de diamante", foi a princípio mais cautelosa. Enquanto se preparava para sua jornada asiática, ele refletiu em seu diário sobre o budismo praticado no Tibete e a ameaça imposta a sua própria existência pela ocupação chinesa naquela terra. Pelo que sabia naquela época, escreveu que não estava muito interessado nele, marcado, como estava, pelo que ele chamou de "ferocidade, ritualismo, superstição, magia. Sem dúvida, muitas coisas profundas e misteriosas, mas talvez *precise* desaparecer"[133]. Similarmente, sobre a possibilidade de encontrar o Dalai Lama, Merton disse a seu amigo Harold Talbott que se opunha completamente ao encontro com o líder tibetano, dizendo, "Eu não irei. Já vi pontífices o suficiente". Talbott, familiarizado com as dificuldades de Merton em lidar com autoridade e obediência em Gethsemani, disse que o monge "não acreditava na religião organizada" e não havia ido à Índia "para ficar com a elite poderosa em um Vaticano exilado no centro da Ásia"[134]. Contudo, uma vez que Merton chegou em Dharamsala, a cidade no norte da Índia onde o Dalai Lama organizou seu exílio governamental e onde milhares de tibetanos exilados viviam em condições muito primitivas, sua atitude mudou drasticamente. Em suas cartas e diários, escritos antes e durante sua jornada asiática, Merton frequentemente falava sobre seu desejo intenso de *aprender por experiência própria* aquilo que as tradições orientais poderiam ensiná-lo sobre as práticas monásticas de meditação e contemplação e, após ter conhecido alguns dos mestres tibetanos, sentiu-se muito comovido com sua profundidade. Pouco após ter chegado em Dharmasala, no início de novembro, ele conheceu um homem chamado Sonam Kazi, um monge leigo da linhagem Nyingmapa, que lhe disse que ele deveria encontrar um guru tibetano que poderia treiná-lo com a prática do *dzogchen* para que pudesse ser guiado a um estado de pura consciência que é a natureza da própria mente. Sobre essa recomendação, Merton escreve:

> Ele me perguntou se eu estava disposto a arriscar e eu disse: "Por que não?" A pergunta está encontrando o homem certo. Não estou exatamente deslumbrado com a ideia de procurar um mestre mágico, mas certamente gostaria de aprender algo pela experiência e parece que os budistas tibetanos são os únicos que, no presente, têm um número grande de pessoas que atingiram alturas extraordinárias em meditação e contemplação. Isso não exclui o Zen. Mas eu me sinto muito à vontade com os tibetanos, mesmo que pareça bizarro, se não sinistro, o que aparece nos livros sobre eles[135].

Assim como Merton rapidamente veio a perceber que havia julgado mal os tibetanos em geral, sua opinião a respeito do Dalai Lama se reverteu completamente quando os dois homens se encontraram. Após encontrar-se com o Dalai Lama pela primeira vez em 4 de novembro, o primeiro dos três encontros, Merton tinha apenas coisas positivas para dizer a respeito dele em seu diário, incluindo essas palavras: "O Dalai Lama é impressionante como pessoa [...]. Uma pessoa muito sólida, energética, generosa e calorosa, muito capaz ao tentar lidar com problemas enormes – nenhum dos quais ele havia mencionado diretamente. Não houve uma palavra sobre política. Toda a conversa foi sobre religião e filosofia e, especialmente, meios de meditação"[136].

O segundo encontro deles, dois dias depois, foi ainda mais memorável, pois o Dalai Lama sentou-se no chão com Merton e lhe deu longas instruções sobre a meditação do modo como qualquer estudante seria ensinado, embora no Tibete tal ato teria sido impensável, porque se espera que os Dalai Lamas permaneçam fisicamente acima dos outros, sentados em um trono[137]. Conhecendo o interesse específico de Merton pela prática *dzogchen*, sua Santidade enfatizou assumir a própria mente como objeto de meditação. Após um terceiro encontro em 8 de novembro, no qual o Dalai Lama lhe pediu para falar sobre o monasticismo ocidental, Merton partiu de Dharmasala e poucos dias depois estava na estação da colina de Darjeeling para fazer um breve retiro. Durante uma viagem diurna nos arredores da vila de Ghoom, ele encontrou ainda outro mestre tibetano, Chatral Rinpoche, a quem Merton se referia como "o maior *rinpoche*" que já encontrei até então e uma pessoa muito impressionante [...]. Ele disse que havia meditado em solidão por trinta anos e não havia atingido o vazio perfeito, e eu disse que também não havia conseguido. A mensagem não dita ou parcialmente dita da nossa conversa era nossa compreensão completa um do outro como pessoas que de alguma maneira estavam *na beira* de uma grande compreensão e sabiam disso, e estavam tentando, de um jeito ou de outro, ir e perder-se nisso – e foi uma graça para nós termos encontrado um ao outro"[138].

Cerca de uma semana depois, Merton falou ainda com outro lama tibetano, Khempo Kalu Rinpoche, em um centro eremita na vila de Sonada. Esse lama lhe disse que, no momento, havia dezesseis eremitas lá (quinze monges e uma freira), cada um fazendo um rigoroso retiro de três anos, ao longo do qual eles passavam muito tempo orando e meditando, não fazendo nada em comum e vendo apenas o guru deles, o cozinheiro que lhes dava comida, e um doutor, se estivessem doentes. Kalu Rinpoche convidou Merton para que ele próprio fizesse o retiro. Refletindo sobre o convite, ele escreveu em seu diário: "Isso foi muito gentil da parte dele. Com a minha reação ao clima, mesmo em seu melhor, e o barulho de uma rádio indiana em uma cabana do outro lado do eremitério, creio que o Alaska, ou a Califórnia, ou o Kentucky ainda são os lugares para mim"[139]. Mais tarde, naquele mesmo dia, ele inclusive escreveu em seu diário que havia visto o suficiente dessa parte da Ásia, dizendo: "Minha mente se volta para o Ceilão, a Tailândia, a Indonésia. Queria ver algo mais. Tenho visto as montanhas e os *gompas* [mosteiros tibetanos]"[140]. Mas em dezesseis dias ele estaria morto, sem nunca ir à Indonésia ou ao Japão. Nesse aspecto, poderia se dizer que suas palavras, logo após a experiência em Polonnaruwa, escritas menos de uma semana antes de sua morte, foram um clímax: que sua peregrinação asiática havia se tornado limpa e purificada, que ele havia chegado a conhecer e ver o que havia buscado obscuramente, que havia transpassado a superfície e ido além da sombra e do disfarce[141].

O que Merton ganhou com sua exposição ao budismo

Isso me leva à última e mais curta parte de minha palestra, algumas breves reflexões sobre o que Merton recebeu ao longo de sua vida por sua familiaridade com o budismo Zen, Theravada, e Vajrayana. Em outras palavras, como eles influenciaram seu pensamento e comportamento? O que ele aprendeu (ou não aprendeu) dessas tradições? Me restringirei a explicar simplesmente um ponto de cada um dos três, a começar com o Zen.

Apesar de vermos Merton principalmente como escritor – de fato, em seus comentários no prefácio para *A Thomas Merton Reader*, editado por Thomas O'Donnell, Merton disse que, embora não tivesse certeza do motivo pelo qual se tornara monge, não tinha dúvidas de que era um escritor – seus interesses e talentos artísticos não se limitavam à palavra escrita. Sua fotografia era de qualidade excepcional. De 2005 a 2013 houve, inclusive, uma exibição itinerante internacional de trinta e cinco fotografias suas chamadas "Uma plenitude oculta: a fotografia Zen de Thomas Merton". Contudo, talvez seja em seus desenhos caligráficos que uma influência Zen pode ser vista mais prontamente. O historiador e biógrafo da arte Roger Lipsey escreveu um estudo perceptivo intitulado "Merton, Suzuki, caneta, tinta", no qual ele observa como, começando em 1960, Merton anualmente recebia de Suzuki um calendário de doze meses apresentando a arte pictórica e caligráfica do celebrado sacerdote e artista Zen do século XVIII, Sengai. No final do inverno de 1965, Merton recebeu não só o calendário daquele ano, mas também um presente precioso de caligrafia feito pelo próprio Suzuki. A carta de agradecimento de Merton fala disso como "uma presença de grande beleza e força que receberá um local de honra no eremitério. Isso transforma tudo ao seu redor [...]. Isso é para mim uma profunda ligação com o mundo e tradição que eu amo e admiro muito. Isso é, acima de tudo um lembrete especial de você, a quem eu venero"[142]. O pergaminho parece ter sido destruído em um incêndio e resta apenas uma fotografia dele pendurado na parede do eremitério, mas a fotografia deixa claro que Suzuki havia escrito ideogramas japoneses para harmonia, respeito, pureza e tranquilidade, que formavam a base não só da Cerimônia do Chá, mas também da vida no mosteiro Zen.

O próprio Merton, filho de artistas, já havia feito desenhos para a publicação humorística *The Jester,* da Universidade Columbia, enquanto era estudante de lá. Durante seus primeiros quinze anos como monge em Gethsemani, ele fez centenas de desenhos a pincel, de motivos religiosos convencionais; nenhum deles especialmente memorável. Mas o Dr. Lipsey percebe que "algo se acelerou mais tarde, em 1960", quando ele recebeu de seu amigo de faculdade Ad Reinhardt "uma pequena Pintura Negra do tipo que, com o tempo, confirmaria a reputação de Reinhardt como um pintor americano verdadeiramente grande e marcadamente original"[143].

Isso parece ter incitado uma renovação na própria prática de arte visual de Merton, assim como a caligrafia dos calendários Sengai, que ele começou a receber em torno dessa mesma época, o incitou a começar a usar o pincel de modo mais frequente e variado em relação ao que ele fazia no passado. Lipsey observa que podemos querer que os desenhos caligráficos de Merton sejam interpretados, querendo a resposta da pergunta, "O que é isso?" Mas Merton resistiu até mesmo a dar título a tais trabalhos. Em uma carta a Margaret Randall, a primeira editora de revista a publicar uma sequência dessas caligrafias, ele escreveu:

> Essas caligrafias realmente não deveriam ter nenhuma referência literária, incluindo títulos. Realmente não deve haver nada que confunda o espectador ao parecer que está dando uma "pista". Essa é a maldição das incrustações literárias que ainda tem permanecido tanto na arte abstrata: a mania de satisfazer a pergunta tola dos espectadores sobre "o que é isso?" Até que consigam se contentar em aceitar o fato de que a imagem é simplesmente ela mesma, não há propósito em tentar explicar isso, especialmente se as explicações parecem indicar que isso seja algo mais[144].

Lipsey comenta, com sensibilidade e bom-senso, que "a posição de Merton 'contra a interpretação' [...]. É certamente fixada na noção do *tathata*, ou plenitude, que ele encontrara no Zen – uma noção da presença inviolada de cada coisa, melhor apreciada em silêncio sem a mente estar ativa"[145]. O que o próprio Merton escrevera uma vez sobre a arte Zen – que "é capaz de sugerir o que não pode ser dito e, ao usar um mínimo de forma, nos desperta para a ausência da forma" e, desse modo, "nos alerta para o que *não* é e, ainda assim, está 'bem ali'"[146] – tudo isso também é certamente aplicável a sua caligrafia.

Em relação ao Theravada, o que Merton deve a essa tradição foi tópico de uma palestra que eu dei em Louisville alguns anos atrás, uma palestra subsequentemente publicada no livro *Merton and Buddhism*. Aqui, apenas repetirei muito brevemente que ele valorizava em especial a ênfase na consciência, o tópico que havia discutido com Phra Khantipalo em sua primeira visita à Ásia. Depois, o monge budista compôs um resumo das conclusões a que havia chegado em sua conversa com Merton, um resumo intitulado *"On Mindfulness"*, e incluiu um apêndice no *The Asian Journal*. Merton também encontrou o tópico sobre atenção plena bem detalhado no livro de Nyanaponika Thera, *O coração da meditação budista,* um dos poucos livros que ele havia trazido consigo de Kentucky. Um ensinamento especialmente prático enfatizado pelo monge budista pode ser encontrado no tratamento que deu ao que ele chama de "Atenção Nua", aquele aspecto fundamental da atenção plena que pode nos ajudar a evitar cursos de ação precipitados. Em suas palavras, "Muitas vezes, apenas um momento de atenção plena ou reflexão sábia teria impedido uma sequência de miséria e culpa de longo alcance. Ao *pausar* antes da ação, em uma atitude habitual de Atenção Nua, uma pessoa será capaz de atingir esse momento decisivo, mas efêmero, quando a mente ainda não se fixou em um curso, ou ação, ou atitude definidos, mas ainda está aberta para receber direcionamentos habilidosos"[147]. Em consideração a essas palavras, não posso evitar de pensar em como a prática da atenção plena poderia ter poupado Merton e a jovem enfermeira, por quem se apaixonou em 1966, de uma tremenda angústia[148].

Finalmente, podemos perguntar o que Merton mais valorizou e aprendeu em seu contato com o budismo tibetano. Respostas diferentes podem ser dadas a essa pergunta, mas certamente próximo ao topo de qualquer lista estaria o efeito de seus encontros com pessoas como o Dalai Lama e Chatral Rinpoche. Ele claramente queria aprender com pessoas de outras tradições que levavam a vida contemplativa tão a sério quanto ele levava, e com os tibetanos ele não se desapontou. Um registro em seu diário, escrito apenas poucas semanas antes de sua morte, captura lindamente a gratidão que ele sentiu por tê-los encontrado. Ele escreve:

> Ainda não sou capaz de apreciar plenamente o que essa exposição à Ásia significa. Houve tanta coisa – e mesmo assim é tão pouco. Eu só estive aqui por um mês! Parece que já faz muito tempo desde [que aterrissei em] Bangkok e, mais ainda, desde Déli e Dharamsala. Encontrar-me com o Dalai Lama e os vários tibetanos, lamas ou leigos "ilumina-

> dos" foi a coisa mais significativa de todas, especialmente pela forma como fomos capazes de nos comunicar uns com os outros e compartilhar uma experiência essencialmente espiritual do "budismo", que também, de alguma maneira, está em harmonia com o cristianismo[149].

Merton era de fato um homem aberto à sabedoria onde quer que pudesse encontrá-la. Ele foi o primeiro a admitir que nem sempre vivia de acordo com tal sabedoria, que às vezes era culpado do que chamava de comportamento tolo ou constrangedor, mas não há dúvida de que ele tem ajudado muitos outros a descobrirem o que a nossa Igreja tem ensinado desde o Concílio Vaticano II: que existem, de fato, "raios da verdade" em todas as grandes tradições religiosas, e que nós não somos chamados para meramente reconhecê-las ou tolerá-las, mas também para promovê-las e aprender com elas de todo modo como pudermos, de maneira responsável. Merton era claramente esse aprendiz, não só do budismo, mas também do hinduísmo, islã, judaísmo, e cristianismo ortodoxo oriental. Nisso ele certamente tem sido um modelo e inspiração para muitos.

Thomas Merton e o desafio do celibato

Pe. James Wiseman*

Como os ávidos leitores de Thomas Merton bem sabem, ele categorizou os diversos livros que publicou ao longo de sua vida. Alguns, classificou como "muito pobres" ou até mesmo "terríveis" (ex.: Que são estas chagas?), enquanto aqueles que julgou mais bem-sucedidos foram simplesmente categorizados como "melhores" (ex.: *Novas sementes da contemplação*). O que ele compreensivelmente não fez foi categorizar os diários pessoais, os quais proibiu a publicação até vinte e cinco anos após sua morte. Todos os sete volumes dos diários foram publicados agora e receberam elogios de várias pessoas associadas ao projeto de trazê-los à luz. O antigo secretário de Merton, Ir. Patrick Hart, escreveu no prefácio do primeiro volume que esses diários poderiam muito bem conter alguns dos melhores escritos de Merton, pois neles ele "expressa o que estava nas profundezas de seu coração, sem censura". Similarmente, Christine Bochen, editora do sexto volume, escreve que Merton trouxe a esses diários "um olho de poeta e um espírito místico", levando a "descrições convincentes do trivial" e "reflexões astutas, e

---

* Professor emérito aposentado da Catholic University of America (CUA).

inclusive profundas de alguém que regularmente penetrava a superfície da vida para explorar sua profundeza interior". Bochen segue dizendo que o que distingue Merton de outros escritores é "a expansividade de seu espírito e de sua franqueza". Talvez em nenhum outro lugar essa franqueza seja tão evidente quanto nesse sexto volume, que descreve ilustremente o período em 1966, quando Merton se apaixonou profundamente por uma enfermeira de vinte e quatro anos de idade, que cuidou dele após uma cirurgia em um hospital de Louisville. (Apesar do nome completo da enfermeira ter sido fornecido em pelo menos um livro sobre Merton, em respeito à sua privacidade seguirei a convenção do editor dos diários e usarei apenas a abreviação "M.")

Houve reações e avaliações muito diferentes desse episódio na vida de Merton. Como ele próprio recorda no diário, vários dos monges mais influentes em seu mosteiro, assim como seu bom amigo Jim Wygal, foram muito críticos em relação ao seu comportamento. Tanto seu abade, Dom James Fox, quanto o Pe. John Eudes Bamberger (na época um monge de Gethsemani e mais tarde abade do mosteiro em Piffard, Nova York) são citados por Merton, dizendo que ele havia sido "pleno e consistente" antes do caso, e que agora precisava "recuperar minha plenitude anterior". Quanto à atitude de Wygal, Merton, em uma ocasião, a resume na advertência de seu amigo, "Você está em uma rota de colisão" (85). Outros, contudo, julgaram o episódio positivamente. Basil Pennington, também um autor trapista bastante lido, sugeriu que nunca houve "qualquer questão ou perigo de esse romance ir além da realidade de um romance passageiro, que não exclui uma amizade verdadeira", e tanto Merton quanto M. tiveram "sentimentos e emoções genuinamente humanos", que foram vividos "no contexto de outros comprometimentos mais profundos, que nunca vacilaram". De fato, Merton "bem poderia ter visto tudo o que estava fazendo como algo muito alinhado a seu objetivo de ser um verdadeiro monge, um homem plenamente integrado e livre". Outra avaliação positiva do caso é a de Douglas Burton-Christie, que escreve que o fato de Merton ter se apaixonado pela jovem "pode ser compreendido como a frutificação de uma longa busca de entrar mais profundamente na experiência do amor", uma experiência que "ajudou a curar feridas do passado e permitiu que ele atribuísse novos significados [em sua poesia] aos poderosos símbolos de nascimento, criação e paraíso".

Qualquer que possa ser a avaliação final desse período na vida de Merton, fica claro que esse momento merece extensa reflexão de nossa parte. O propósito desse artigo é oferecer tal reflexão ao indicar três assuntos principais: Qual foi a natureza do relacionamento de Merton com M.? Quais eram seus próprios julgamentos a respeito desse comportamento, tanto durante o período mais intenso do relacionamento quanto depois que terminou? E o que outros podem aprender sobre essa parte da vida de Merton, especialmente pessoas que tratam de seguir uma vida de celibato? Contudo, antes de nos voltarmos para essas questões, faremos a seguir uma breve recordação da história de seu relacionamento e das fontes de informações disponíveis.

O primeiro encontro entre Merton e M. ocorreu no meio da Semana da Paixão de 1966. Na semana anterior, Merton havia se submetido a uma cirurgia na enfermaria St. Joseph em Louisville, a fim de corrigir uma espondilose cervical (inflamação da vértebra cervical). Durante a primeira manhã em que M. foi designada para cuidar dele durante sua recuperação no hospital, os dois conversaram com facilidade sobre uma variedade de assuntos, desde a reforma litúrgica na Igreja Católica até personagens de histórias em quadrinhos. Eles tiveram mais oportunidades de se encontrar e conversar durante a primeira metade da semana seguinte, mas se despediram naquela noite de quarta-feira, 6 de abril, quando M. estava partindo para Chicago para ficar com seu noivo durante o feriado da Páscoa. Esse poderia ter sido o final do relacionamento, se Merton não tivesse deixado uma carta para ela ler ao retornar a Louisville. Quase duas semanas depois, de volta ao Gethsemani, ele recebeu uma humorada carta de quatro páginas de M., a qual respondeu com uma declaração de amor, que enviou em um envelope com a inscrição "Questão de Consciência" para impedir que fosse aberto por qualquer superior no mosteiro.

O relacionamento, então, se intensificou rapidamente. Trocaram uma série de cartas e telefonemas, juntamente com visitas ocasionais. Muitas delas ocorreram em Louisville, aonde ele tinha de retornar, de tempos em tempos, para consultas médicas, enquanto duas delas se deram na abadia. A primeira das visitas na abadia ocorreu quando vários amigos de Merton trouxeram M. junto para um piquenique em 7 de maio. Merton chamaria esse dia de "piquenique do Derby Day", em referência à corrida de cavalos que estava ocorrendo no mesmo dia em Louisville. Menos de duas semanas depois, em 19 de maio, outra estudante de enfermaria trouxe M. ao eremitério de Merton, dentro da abadia, e se afastou por várias horas para que os dois pudessem passar algum tempo juntos. No mês seguinte, a situação mudou radicalmente. Naquela época, não havia telefones no mosteiro que garantissem uma conversa totalmente confidencial. Em 13 de junho, Merton descobriu que um monge na cabine telefônica havia ouvido suas conversas recentes com M. e se sentiu obrigado a informar ao abade. No encontro com o abade no dia seguinte, Merton o achou mais compreensivo do que esperava que fosse, mas em uma conversa posterior, dois dias depois, o abade proibiu Merton absolutamente de entrar em contato com M. de novo. Embora agora Merton tivesse reduzido drasticamente as ocasiões em que contatava a enfermeira, quer fosse pessoalmente, quer fosse por correspondência ou por telefone, ele continuou a se comunicar de alguma maneira com ela até o final do ano seguinte, quando registra em seu diário um telefonema para M. na segunda semana de novembro de 1967, e o recebimento de um cartão postal dela dois dias antes do Natal. Essa é a última menção a M. em seus diários até o registro de 20 de agosto de 1968, quando ele fala em queimar todas as cartas dela: "Não olhei nenhuma delas. Altas chamas abrasadoras nos galhos de pinheiro ao sol!"

No que diz respeito às fontes de informação disponíveis para nós, já sugeri que a principal é o sexto volume dos diários de Merton, *Learning to Love*. Isso inclui não só o texto quase completo de seu diário privado de 2 de janeiro de 1966 a 8 de outubro de 1967, mas também o *Midsummer Diary*, que ele escreveu para M. em junho de 1966. Em adição a esses dois documentos, Merton também escreveu um "Retrospecto", que confiou à guarda de seu amigo, o falecido James Laughlin. Esse não está disponível para publicação, mas Michael Mott teve acesso a ele quando estava escrevendo a biografia autorizada de Merton, e se refere a ele em vários lugares. Igualmente indisponíveis estão as cartas trocadas entre Merton e M., embora ele cite curtas passagens das cartas dela em alguns trechos de seu diário. Temos, contudo, dezoito poemas compostos para ela, cinco deles inclusos em *Learning to Love*. Impressos em uma edição limitada, os poemas contêm o que o próprio Merton considerava a expressão da quintessência de seu amor. Apenas por esse motivo os poemas fornecem uma ideia precisa do estado de sua mente durante o caso.

A natureza do relacionamento entre Merton e M.

De algumas maneiras, pode parecer desnecessário dedicar a primeira seção principal deste texto à natureza desse relacionamento. Em anos recentes, houve numerosos estudos sobre a natureza do amor humano, muitos deles feitos por psicólogos experientes, e praticamente todos notaram a frequência do amor romântico entre seres humanos. A maioria de nós já não sabe, por experiência própria, o que Merton sentiu quando se apaixonou? De fato, quando Merton confidenciou posteriormente seu amor por M. a alguns de seus amigos, eles começaram a parabenizá-lo por ser humano! Além disso, precisamente pelo fato de esse escritor talentoso ter sido tão sincero e detalhista sobre seus sentimentos, correlacionar o que ele escreveu com um pouco da melhor literatura atual sobre o amor romântico pode ser instrutivo sobre a natureza desse tipo de relacionamento.

Um dos estudos mais compreensivos sobre o amor humano nos tempos recentes é um volume que foi coeditado por um professor de psicologia na Universidade de Yale, e um de seus alunos da graduação. Entre os contribuintes do livro está Nathaniel Branden, que define o amor romântico (distinto do amor paternal, amor filial etc.) como "uma atração espiritual-emocional-sexual apaixonada entre duas pessoas, que reflete uma grande consideração pelo valor da outra pessoa". Expandindo o tema a partir dessa definição abstrata, Branden escreve que não se caracteriza um relacionamento como romântico a menos que o casal (1) vivencie seu relacionamento de maneira apaixonada ou intensa, (2) tenha "alguma experiência de afinidade espiritual [...]. Alguma mutualidade profunda de valores e perspectivas" (3) sinta uma forte atração sexual um pelo outro e (4) vivencie admiração mútua. Sem dúvida, outras numerosas características poderiam ser incluídas, mas para nossos propósitos atuais apenas mais uma característica precisa ser destacada. Outros dois psicoterapeutas, contribuindo para um volume diferente sobre o amor humano, notaram que alguém que se apaixona experimenta uma certa perda de ego, um sentimento de "altruísmo e unicidade com o amado, virtualmente perdendo o ego no elo e na plenitude da intimidade romântica". Eles notam que, em alguns aspectos, esse senso de fusão é prazeroso, mas também tem seu lado negativo, no qual o amante simultaneamente "vivencia a ansiedade, humilhação e dor de estar dominado, dependente e vulnerável [...]. Parece que os próprios sentimentos que nos impelem a nos apaixonarmos mais e mais profundamente, também são aqueles que começam a exercer uma força oposta rumo ao abandono".

Considerando essas cinco características, uma a uma, é relativamente fácil ver como cada uma delas foi claramente proeminente no amor de Merton por M. A intensidade apaixonada de seus sentimentos atravessam as páginas de seu diário durante 1966. Em 26 de abril, M. o encontrou em seu consultório médico em Louisville, e depois almoçaram em um restaurante próximo. Ao escrever sobre isso no dia seguinte, Merton disse que: "Estava mais claro que nunca que nós estamos terrivelmente apaixonados, e é o tipo de amor que pode praticamente te despedaçar"(46). Três semanas depois, ele acordou de um sonho "com uma sensação [da] realidade eterna e da validade de nosso amor, e fiquei inundado com um amor realmente estático e lágrimas nas quais podia ver o coração dela, por assim dizer, em toda sua preciosidade perante Deus [...]. Chorei por meia hora, sacudido por soluços, [...] absorvido pela profunda realidade dessa visão e dessa esperança" (63). Meses depois, após M. ter se formado em sua escola de enfermagem e retornado para sua casa em Cincinnati, Merton telefonou duas vezes para ela enquanto ainda estava em Louisville, no último dia do ano. Mesmo então, ele estava "ainda tão poderosamente preso ao amor por ela" que as próprias placas na estrada eram comoventes: "Louisville, Louisville. O nome Louisville sempre significará M., e seu amor" (176-177).

A "afinidade espiritual" e a "sensação de serem almas gêmeas" sobre as quais Nathaniel Branden escreve são, portanto, evidentes na consideração de Merton sobre seu amor por M. De fato, tal afinidade foi a própria catalisadora de sua paixão. Em 31 de março de 1967, o aniversário do primeiro encontro deles, Merton refletiu sobre "Aqueles dias quando nós conversávamos, e ríamos, e nos dávamos tão bem que, em uma semana, estávamos apaixonados" (211). Uma ênfase similar dessa afinidade é recorrente em várias passagens do diário durante a primavera e verão anteriores. Em uma dessas passagens, ele escreve: "[Eu] honestamente tenho tentado vê-la como ela é e amá-la exatamente como ela é, valorizá-la por sua singularidade e compartilhar com ela essa profunda fé nela. E eu sei que o resultado tem sido uma ressonância profunda, clara, forte e indubitável entre nós. Nossos corações estão realmente sintonizados. Nossos âmagos realmente se comunicam" (45). O *Midsummer Diary* frequentemente ecoa esse sentimento, como quando Merton escreve: "Querida, nós não devemos nos esquecer da realidade do nosso amor e da realidade dessa partilha, a penetração em nossos segredos mútuos [...]. Nós realmente estamos de posse dos segredos um do outro, o ego mais profundo do outro, em sua glória e abandono" (327).

A terceira característica do amor romântico de Branden é a forte atração sexual. Merton, plenamente ciente de seu comprometimento monástico com a castidade celibatária, observa logo cedo em seu relato de seu amor por M. que ele não poderia comunicá-lo sexualmente "sem afastar-se completamente da verdade. Portanto, nunca tocarei nela, e me assegurarei de que isso esteja perfeitamente claro" (45). Parece certo, por tudo aquilo que ele escreveu, que eles nunca tiveram relações sexuais, mas sua resolução original de "nunca a tocar" mostrou-se além de seu poder. No dia em que ele falou com o abade pela primeira vez, após o superior ter sido informado sobre os telefonemas de Merton para M., ele terminou o registro em seu diário com as palavras: "O que eu mais me lembro é de M. e eu nos abraçando com força por horas em longos beijos, e dizendo, 'Graças a Deus pelo menos isto é real!'" (84). A referência de Merton é, aparentemente, ao piquenique que os dois amantes compartilharam nos bosques de Gethsemani em 19 de maio, quando Merton sentiu "o aperto desse amor sexual profundo e quente perturbando-me e inundando-me, sacudindo todo o meu ser a partir do coração (não só excitação genital) – e mesmo assim foi só um pouco! Mas isso é terrivelmente sério, porque lá, a despeito de tudo o que estávamos querendo e dizendo, a natureza plácida e inexoravelmente disse algo mais profundo e, talvez, irreversível" (66). Em *"May Song"*, escrita após o mesmo piquenique, Merton deu voz poética a essas exigências inexoráveis da natureza, acima de tudo na seguinte estrofe:

> É maio e estamos perdidos
> Em uma luz inesperada
> Afogamo-nos um no outro
> Você ainda consegue respirar?
> Querida em desespero
> Eu me agarro ao casco arredondado
> Dos seus quadris e choro
> Empreste-me pelo amor de Deus
> Seu bote salva-vidas
> Seu corpo de salvação
> Salve meu corpo porque eu morro
> No sol ideal
> Refresque-me porque estou destruído
> Por demasiada perfeição

Em um piquenique posterior, em Cherokee Park, em Louisville, no meio de julho, eles novamente "se amaram e se beijaram com paixão" (96). Nessa época, Merton viu claramente que havia falhado em sua intenção original de manter seu relacionamento com M. no nível de "uma amigável espécie de afeição": "Isso certamente não era possível", ele escreve no *Midsummer Diary*, "e agora sei disso, e um forte desejo físico é parte disso" (325).

A quarta característica do amor romântico de Branden é o que ele chama de "admiração mútua", ou seja, "uma grande consideração pelo valor da outra pessoa". Essa característica é abundantemente clara em tudo que Merton escreveu sobre sua amada. Em 12 de maio, ele escreve: "Suas últimas três cartas foram quase insuportavelmente bonitas para mim. Seu amor e seu coração são uma revelação da personalidade mais perfeitamente sintonizada e modelada, uma adorável natureza feminina, e uma afeição quase infinita, e tudo isso ela tem dado para mim. Posso apenas considerar isso um tipo de milagre em minha vida" (58). No final do mesmo mês, ele diz que "Ela é a coisa mais linda que já me aconteceu, e seu amor é um presente dos céus, é tão puro, limpo e pleno" (74). O *Midsummer Diary* tem o mesmo tom, pois "nela agora percebo que encontrei algo, alguém que estive procurando toda minha vida" (328).

Agora deve estar evidente que todas as quatro características encontradas por Nathaniel Branden no amor romântico estavam abundantemente presentes no amor de Merton por M. Volto-me, agora, para uma característica final, aquela categorizada por Levenson e Harris como uma certa experiência de "perda do ego" ou "unidade" com o amado, que tem tantos aspectos positivos quanto negativos para qualquer um que tenha passado por essa experiência. Existem numerosas indicações nos diários e poemas de Merton de que ele sentia essa sensação de fusão. Referindo-se ao piquenique em Gethsemani, em 19 de maio, ele escreve "Tenho a sensação completa de que ela é (exceto por seu sexo) completamente eu" (66), enquanto que, no *Midsummer Diary*, ele nota como "Nós dois queríamos preencher nossa solidão e criar uma realidade a partir de dois vazios, e por termos visto que isso era realmente possível, uma imensa esperança começava a surgir em nossos corações" (327). Vários poemas tocam no mesmo assunto, acima de tudo o último das *Six Night Letters*, no qual se lê em sua última estrofe:

> Escrever para você
> É como escrever para meu coração
> Você é eu mesmo
> A solidão aqui
> ...

> Me envolve
> Como sua própria solidão
> Explorando meu bosque escuro
> E minha casa perdida
> Para encontrar a si mesmo.

Em passagens como essa, Merton obviamente encontra alegria e contentamento em seu sentimento de unidade com M., permitindo que ele chegasse a alegar, "Você é eu mesmo". Mas, como Levenson e Harris observam, o mesmo sentimento de fusão gera uma sensação de medo e até de repulsa. Merton valorizava sua independência ainda mais do que a maioria das pessoas, de modo que não é surpreendente que um registro de ansiedade a respeito de sua "necessidade" por M. logo aparecesse em seu diário. Em 20 de maio, apenas horas depois de ter escrito de maneira tão comovente sobre o amor que ele e M. haviam expressado um pelo outro durante o piquenique no dia interior, ele acrescenta que "Como sempre, acabei impaciente por sexo, afastando-me da dominação imposta por isso, desconfiado de sua tirania, e nessa tarde me volto com todo o meu ser para a liberdade" (67). Essa nota tornou-se cada vez mais insistente com o passar das semanas e meses. Na semana seguinte, ele escreve sobre a inveja que sente da "liberdade e solidão absolutas" (70). No início de junho, reflete sobre sua atração por M. e também que "Minha natureza às vezes se rebela contra ser 'preso' dessa maneira" (75), e em novembro ele regozija-se com o fato de que "Todas as manhãs acordo sentindo-me um pouco mais livre [...]. Assim como no último mês de maio, a cada manhã acordava um pouco mais cativado" (155). As expressões mais fortes de seus anseios por liberdade são encontradas no *Midsummer Diary*. Aqui, ele fala da "raiz nua do desejo íntimo de alguém, que é o desejo pela realidade-liberdade" (321) e, em uma passagem particularmente poderosa, nomeia os animais vivendo ao redor de seu eremitério como símbolos da liberdade da qual ele não abrirá mão nem mesmo por seu amor por M.:

> Eu te amo querida, te amo nessa vida louca que levo [...].
> Queria poder te segurar e te amar, mas não posso me prender a qualquer ser vivo. Simplesmente não posso me pren-

der. Não posso me permitir ser preso. Sou um animal selvagem, e sei que você sabe disso, e sei que você não liga. Sei que de fato você me ama por isso, e que essa é a coisa mais profunda que você ama em mim [...]. Você está apaixonada por uma raposa, ou um veado, ou um esquilo. Liberdade, querida. É isso que o bosque significa para mim. Sou livre, um ser selvagem, e isso é tudo que realmente posso ser (342).

Por mais que tentasse, Merton simplesmente não podia conciliar os dois: seu anseio pela unidade mais íntima com sua amada e sua profunda necessidade de estar livre de qualquer vínculo. A certa altura, ele chegou à conclusão de que "Só Deus pode conciliar tudo o que precisa ser conciliado. Eu simplesmente fui despedaçado por isso. Reduzido e caminhando no sol e na neve, e renunciando a qualquer esperança por respostas rápidas" (157).

Avaliação de Merton sobre seu comportamento

Com base em tudo o que acabou de ser dito, seria de se esperar que Merton ficasse indeciso sobre seu caso amoroso. Se olharmos *apenas* para os dezoito poemas que ele escreveu para M., como Douglas Burton-Christie faz em seu artigo, é possível entender como ele chega a perguntar "por que, se o relacionamento era de tal importância para Merton, ele decidiu terminar". Para Burton--Christie, isso parecia "um tanto enigmático e problemático." Mas se olharmos os registros e o *Midsummer Diary*, fica claro que havia muita coisa nessa experiência que levou Merton a julgá-la (e a si mesmo) de modo muito duro.

Um dos motivos, e apesar do fato de que Merton às vezes sentia que quase nunca fora fiel a seu comprometimento monástico, ele ainda assim tinha uma sensação concreta de que esse comprometimento era uma parte integral de seu próprio ser. A incongruência entre isso e seu amor em grande parte clandestino por M. logo se tornou uma experiência dolorosa. Em 28 de maio, M. havia planejado "aparecer e passar o dia (ilegalmente) sozinha comigo no bosque, mas não conseguiu transporte e então, em vez disso, voltou para sua casa em Cincinnati, e eu não posso deixar de pensar que foi muito bom ela não ter vindo. Isso teria sido disruptivo e me levaria a mais angústia" (71). No início de julho, ele lamentou sobre o quanto estava desiludido

> e o quanto, de fato, eu realmente queria estar desiludido e me abri para dar boas-vindas a isso. Porque há um bem tão grande no amor humano [...]. Mas eu precisava saber que fui chamado para outra coisa, e o fato de ter arriscado meu outro chamado especial agora me assusta! [...] Não há *nada* que eu queira senão fazer sentido dessa vida solitária e aparentemente absurda que, não obstante, é um presente tão incrível e apresenta tantas possibilidades. Não me mostrei à altura disso tudo e não tenho sido digno disso tudo [...] (92).

Pouco antes de escrever essas linhas, ele lamentou no *Midsummer Diary* que "havia bagunçado tudo. Não tenho sido nem um bom monge, nem um bom amante. Não tenho sido nada. Tentei ser coisas que eram incompatíveis e acabei apenas ferindo-a e deixando-a pesarosa, confusa e com dor" (334).

Concomitante com seus lamentos sobre a incongruência de seu comportamento estão seus lamentos sobre o "desperdício de energia espiritual dividida" (71). Quando seu amor por M. era mais intenso, era quase "impossível fazer qualquer coisa que não fosse pensar nela. É uma obsessão, e isso é ruim" (62). Consequentemente, "Por um longo tempo – no auge do caso – [eu] não lia nenhuma Escritura e passava o tempo escrevendo longos registros no diário [...]. Ou cartas para M." (108-109).

O que também pode ser visto como a crítica mais decisiva de Merton sobre o caso foi apresentado de maneira velada. Em dezembro de 1967, e novamente no mês de maio seguinte, ele deu conferências em Gethsemani para um grupo de prioresas de mosteiros contemplativos nos Estados Unidos. Após suas apresentações, geralmente havia algum tempo para as mulheres lhe fazerem perguntas. Na conferência de maio, alguém lhe pediu para comentar o desafio da virgindade para pessoas entrando em comunidades religiosas. Sua resposta, certamente baseada em sua própria experiência, tocou precisamente nesses pontos relacionados de incongruência e de deslocamento de energia espiritual:

> Quando você está envolvido em uma situação sexual, você pode ficar muito preso a isso. Qualquer um que já esteve profundamente apaixonado sabe como é. Se está muito envolvido, existe escravidão verdadeira, porque você não pode pensar em mais nada. E não há motivo para a oração.

Nós não estamos falando aqui sobre um relacionamento conjugal, mas sobre um relacionamento passional. Isso tira tudo de si. Não há tempo ou energia para mais nada. Parece-me que qualquer um que sabe o que isso evolve ficaria feliz em se libertar disso. Sentir-se livre novamente, ser capaz de rezar se quiser, ter a sensação de estar por inteiro, são coisas que valorizamos em nossas vidas.

À luz de tais comentários, não é surpreendente que Merton, revendo o caso após todos seus contatos com M. terem cessado, frequentemente usa frases como "uma bagunça constrangedora" (156), "infidelidade e tolice" (217), e "vergonha e espanto pelo modo como brinquei com a vida e com a graça" (234).

Isso não quer dizer que ele não viu nada de bom nessa experiência. Durante o verão de 1967, ele pôde ver que "havia vários lados positivos porque isso trouxe à tona coisas que tinham de vir à tona para serem reconhecidas. Teria sido muito pior se elas tivessem permanecido escondidas" (260). Aqui, Merton parece estar se referindo acima de tudo ao fato de que, antes de encontrar M., ele nunca havia sentido uma profunda intimidade por mulher alguma, mas em vez disso usava as mulheres para seus próprios fins. Pelo menos nesse aspecto, sua paixão por ela foi uma experiência curadora. Além disso, as decisões cruciais com as quais ele se deparou – acima de tudo sobre abandonar a vida monástica por amor a ela – o fez perceber quanto ele queria ser um monge e um eremita. Pouco mais de um ano após seu primeiro encontro com M., ele podia se deleitar mais uma vez na certeza de seu caminho monástico:

> Ontem tive uma adorável tarde hesicástica! Caminhei pelo lago, passei pelo local do piquenique do Derby Day [...]. Então, silenciosamente, circulei os pinheiros em direção à lagoa escondida com todos os pinheiros ao redor [...]. Que mudança desde a última vez que me sentei lá, em maio do ano passado [...]. Naquele domingo [...] eu estava literal-

> mente abalado e perturbado – sabendo claramente que estava completamente errado [...]. De qualquer maneira, ontem foi totalmente diferente. Mais uma vez a velha liberdade, a paz de não se preocupar com nada, não estar em desacordo com a real sensação da minha própria existência e da graça de Deus para mim [...]. Foi bom que eu[nós] tenha[mos] passado pela tempestade: era a única maneira de aprender uma verdade que, de outro modo, seria inacessível (217-218).

Essa convicção permaneceu com Merton pelo resto de sua vida. Se ele não tivesse morrido em sua viagem à Ásia, poderia ter pedido permissão para viver como eremita em uma parte mais afastada do país, talvez o sudoeste ou o Alaska, mas não há motivos para duvidar de que ele teria permanecido um membro da comunidade Gethsemani. Cinco semanas antes de sair da abadia para sua viagem à Ásia, ele escreveu em seu diário que de fato havia perdido oportunidades e cometido grandes erros ao longo de seus anos no mosteiro, mas, de qualquer maneira, estava convicto de que "a estrada na qual estou é a correta para mim, e espero poder me manter nela sabiamente – ou que minha sorte continue".

O que pode ser aprendido com a experiência de Merton

Merton estava plenamente ciente de que sua experiência de se apaixonar por M. não foi um incidente isolado na Igreja dos anos de 1960. No registro do dia 2 de junho de 1966 em seu diário, ele escreve sobre o quanto está pensando em sua amada e como ficará acordado até tarde se questionando. Ele então acrescenta: "Tantos outros padres estão fazendo o mesmo hoje à noite – em todos os lugares! É uma crise estranha em toda a Igreja" (76). Mais de trinta anos depois, e apesar do fato de que dispensas de votos e promessas de celibato são muito menos prontamente concedidas agora do que durante o reinado do Papa Paulo VI, não há dúvidas de que essa "crise estranha" continua. À luz desse fato, concluirei este artigo refletindo sobre o que pode ser aprendido da maneira como Merton lidou com a crise em sua própria vida. Se essas reflexões são em parte críticas a ele, dificilmente poderiam ser mais críticas do que ele era em relação a si próprio, com seu frequente uso de adjetivos como "bobo", "estúpido" e "tolo" para caracterizar seu comportamento.

Buscar aconselhamento sábio

Uma declaração reveladora sobre como Merton se portou ao longo de seu caso amoroso pode ser encontrada em seu *Midsummer Diary*. Agonizando pelo fato de estar preso entre "duas condições insatisfatoriamente legais [voto de vida religiosa e matrimônio], nenhuma das quais me ofereciam uma plenitude real", ele conclui que tem de fazer "a mesma coisa que sempre tenho de fazer: encontrar meu próprio caminho, sem um mapa, sem pegar nem isso nem aquilo exceto o que eu necessite, e trabalhar nisso enquanto sigo em frente" (338). Isso verbaliza o que, de qualquer maneira, já estava claro no próprio diário: ele nunca buscou alguém que poderia servir como "pai espiritual", "amigo espiritual", ou "guia espiritual". Não que Merton não estivesse ciente da centralidade de tal figura na tradição monástica. Seu livro *Sabedoria do deserto*, com sua bela introdução e tradução de dizeres dos primeiros monges do Egito, Síria e Palestina, é apenas um exemplo de sua profunda familiaridade com o papel central dessas pessoas a quem outro monge pode se dirigir, pedindo: "Pai, me dê uma palavra a partir da qual eu possa viver". Merton também escreveu uma série de artigos sobre direção espiritual nos anos de 1950, que foram posteriormente expandidos e publicados na forma de livro. Lá, ele escreve sobre a importância de deixar que um diretor saiba "o que nós realmente pensamos, o que realmente sentimos e o que realmente desejamos, mesmo quando essas coisas não são honráveis". Esse próprio ato, descobrindo as aspirações profundas de nossos corações, pode permitir vê-las "sob uma luz diferente – na qual elas perdem seu mistério e magia". De qualquer maneira, "o diretor tem que saber o que realmente queremos, para que então saiba quem realmente somos"[150]. Nos anos posteriores, Merton retornou ao mesmo tema, embora então preferisse o termo "pai espiritual" em vez de "diretor espiritual". Apenas um mês antes de conhecer M., ele distribuiu a forma mimeografada de um ensaio intitulado "The Spiritual Father in the Desert Tradition". Aqui, ele usa o antigo termo monástico *diacrisis* (discernimento do espírito) como uma qualidade absolutamente necessária para sintonizar-se com o Espírito Sagrado de Deus (que sempre será o maior dos diretores). Como em seu trabalho anterior sobre direção espiritual, Merton novamente enfatiza a completa abertura com o pai espiritual como o meio necessário para promover o discernimento genuíno[151].

Alguém poderia perguntar, com razão, por que Merton não seguiu seu próprio conselho e buscou as sábias palavras de um companheiro monge antes que ficasse profundamente envolvido com M., como ele ficou. Pennington absolve Merton nesse aspecto, ao escrever que "ele teria sido duramente pressionado para encontrar alguém na comunidade Gethsemani daquela época que pudesse compreender sua liberdade"[152]. Embora seja claramente impossível, dessa distância no tempo, julgar quem, naquela comunidade, poderia ter ouvido com simpatia, compaixão e paciência a expressão de Merton sobre seus sentimentos nos dias imediatamente após seu retorno do hospital, na Semana Santa de 1966, sustento que ele devia ter tentado encontrar tal pessoa. Mesmo se o grau desejado de compreensão não estivesse presente, a humilde manifestação de seus sentimentos por alguém poderia, por si, ter ajudado Merton a sentir, bem no começo de seu relacionamento, a falsidade de um monge escrever uma carta de amor para uma jovem mulher que estava noiva para casar. Em setembro de 1966, ele reconheceu em seu diário que "os passos errados começaram com a minha primeira carta de amor, e o telefonema fazendo arranjos para vê-la na cidade no dia 26. Mesmo assim, ainda que eu diga e admita isso, em certo sentido vejo isso como quase que inevitável. Eu me apaixonei tão profundamente por ela, que seria difícil fazer as coisas de outra maneira – mesmo assim, suponho que eu poderia ter feito outra escolha" (12). Difícil? Sim. Impossível? Na verdade, não. Isso para não dizer que um pai espiritual, se Merton tivesse conversado com um, deveria ter aconselhado a não entrar em contato com M. Uma *diacrisis* genuína em tais assuntos é tão única à pessoa em questão que uma regra geral não pode ser estabelecida *a priori*. Meu ponto de vista é que, em tais circunstâncias, certamente seria melhor buscar o conselho de alguém respeitado por sua sabedoria, compreensão e bom julgamento. Isso dificilmente poderia ser resumido mais concisamente do que as palavras de Mary Margaret Funk, OSB, em seu estudo recente sobre o ensinamento de João Cassiano sobre os "oito pensamentos principais". Em seu capítulo "Sobre sexo", Ir. Mary Margaret escreve:

> Boa parte da necessidade sexual começa com pensamentos plenos, mas não discernidos, a respeito da bondade, beleza ou franqueza de alguém que é excepcionalmente atraente. Então vem o comentário sobre como é bom se apaixonar, como se a experiência de amar outra pessoa me ajudasse a crescer. Se a atração é saudável, então o amor discernido vem em seguida. Se a atração não for para mim, devo parar de pensar nela...
> A autodecepção abunda. A prática de revelar os pensamentos mais íntimos para o outro é uma prática útil para evitar tal decepção, mas nunca deve ser feita para o objeto da fantasia de alguém, o amante em potencial. Outro sábio mais velho é preferível. Emoções cruas são melhor domesticadas pela admissão humilde[153].

Reconhecer o poder da sexualidade

Se pudermos aprender com a tentativa fracassada de Merton de "encontrar seu próprio caminho" sem a ajuda de um amigo espiritual, também podemos aprender com seu fracasso em reconhecer os impulsos sexuais. Conforme foi mencionado anteriormente neste artigo, ele originalmente havia resolvido nem sequer tocar em M., mas ao longo das semanas houve beijos e abraços prolongados. Às vezes ele tentava justificar isso. Sobre seu piquenique de 19 de maio em Gethsemani, ele escreveu no dia seguinte: "No final estávamos ficando bem sensuais – mas ao invés de estar tudo errado, tudo parecia eminentemente certo" (66). Mas logo ele vê a duplicidade dessa declaração e inclui entre parênteses: "(argumento ruim – poderia justificar qualquer coisa)". Ele também veio a reconhecer que o poder da atração sexual que sentiam um pelo outro era muito mais forte do que havia antecipado, tão forte que se descobriu incapaz de manter o relacionamento "algo um tanto isolado e agradável, não muito envolvido. Isso certamente não foi possível, e agora eu sei disso, e um forte desejo físico é parte disso" (325).

Estudos contemporâneos sobre o amor apoiam a conclusão a que Merton chegou após muito tumulto emocional. Em um ensaio gracioso mas convincente, Ellen Berscheid, uma professora de psicologia, escreve:

> [...] o papel do desejo e da experiência sexual tem sido negligenciado em discussões contemporâneas sobre o amor romântico. Está bem torcer o nariz para as análises apressadas de Sygmund Freud sobre o amor romântico como desejo sexual reprimido, suprimido e frustrado, mas, para mim pelo menos, Freud parece ficar muito mais inteligente à medida que eu envelheço...

Finalizo este capítulo retornando à primeira questão que devíamos nós, autores, nos confrontar – "O que é o amor?" – confessando que, no caso do amor romântico, realmente não sei – mas, se estivesse contra um muro de tijolos encarando um pelotão de fuzilamento que atiraria se não recebesse a resposta correta, eu sussurraria "É cerca de 90 por cento de desejo sexual ainda não saciado"[154].

Se for assim, então a convicção original de Merton de que o aspecto sexual de seu relacionamento com M. poderia facilmente ser controlado, parece ser muito ingênua e deveria nos deixar mais cientes do poder que os gregos antigos chamavam de *Eros* divino. Alguns dos melhores escritores espirituais dos nossos dias reconhecem isso, e seria bom levar suas palavras a sério. Thomas Keating, o autor trapista conhecido principalmente por seus trabalhos sobre Oração de Centramento, disse em uma entrevista recente que assumir um voto celibatário de castidade certamente não renega a amizade genuína, mas "implica uma disciplina que filtra aquela intimidade crescente com o outro, a atração genital que possa estar lá, e que é perfeitamente normal se *estiver* lá. Mas não se deve concluir disso que uma amizade genuinamente espiritual deva excluir toda a afetuosidade ou emoção; são apenas aquelas marcas excessivas de afeição que levam a uma profunda sensualidade que devem ser sacrificadas, não a amizade em si"[155]. Similarmente, o Cardeal

Basil Hume, em uma palestra que deu aos monges enquanto ainda era o abade de Ampleforth, no norte da Inglaterra, disse que o "Celibato deve nos fazer mais humanos, não menos, amando mais e sendo mais amáveis. Mas, como todo amor, ele deve ser controlado e disciplinado. Um celibatário deve dizer 'Sim' para qualquer um com quem entre em contato, e 'Não' para si mesmo em cento e uma situações diferentes"[156]. Palavras como "disciplina" e "controle" não são facilmente ouvidas em alguns lugares hoje em dia, mas são indispensáveis para evitar o tipo de angústia que é tão evidente nas reflexões retrospectivas de Merton sobre seu caso amoroso, angústia mais severa por causa da dor que ele havia causado a M.

O desafio da meia idade

O fato de Merton ter se apaixonado em sua meia idade também tem algo a ensinar àqueles que estão nessa etapa da vida ou próximos dela. Os psicólogos Jesse Geller e Richard Howenstine notaram que, conforme a meia idade se aproxima, um homem pode buscar corrigir o narcisismo que caracterizou seus anos anteriores. Além disso, "um homem de meia idade que havia sido 'casado com a sua carreira' pode buscar no amor romântico oportunidades de curar as desarmonias nas estruturas da vida"[157]. Alguém poderia alegar que Merton não era "casado com sua carreira" em qualquer concepção normal da frase. Inquestionavelmente, houve muita generosidade e altruísmo no modo como ele viveu em Gethsemani nos anos de 1940 e 1950. Mas, ao mesmo tempo, não havia dúvidas de que havia um nível pouco saudável de "não mundanismo" e "separatismo" no Gethsemani daqueles dias, que Merton havia primeiramente abraçado e que depois, gradualmente, viria a rejeitar. Isso o perturbou de tal maneira que às vezes ele expressava profundo arrependimento pelo que fizera de sua vida antes de conhecer M. Ele escreve no *Midsummer Diary*:

> Meu trabalho é de fato inválido quando parece querer fazer sentido e dizer que a solidão é algo a ser desejado. É claro que alguém tem que tentar fazer algum tipo de sentido: não nego que quero escrever coerentemente, de acordo com uma percepção básica. Mas, meramente pronunciar

> uma mensagem lógica, ou pior ainda, argumentos de vendedores para algo espiritual, algo religioso, algo "interior", ou pior ainda, "monástico" [...]. Que desperdício completo. Mais de metade da minha vida e meu trabalho foi desperdiçada por esse tipo de coisa (322).

O mesmo sentimento foi expresso poeticamente em versos citados anteriormente neste artigo: "Me esfrie, pois estou destruído / Por tanta perfeição". É claro, tais sentimentos não "fazem" simplesmente com que alguém se apaixone, mas seria irreal imaginar que uma insatisfação residual com muito do que ele fez durante anos não esteja por trás da velocidade e da intensidade com que se apaixonou por M. Em um sentido muito realista, ele esteve "casado com uma carreira" que não era plenamente satisfatória.

O que, então, uma pessoa de meia idade ou próxima disso poderia aprender com a experiência de Merton sobre esse tema? Basicamente que alguém nesse ponto da vida é vulnerável simplesmente porque a maior parte da vida de *qualquer um* não é tão satisfatória assim. Cada escolha, cada decisão que tomamos implica uma gama de alternativas, e essas alternativas podem parecer, mesmo que subconscientemente, mais atraentes quando percebemos que pelo menos metade de nossa vida está agora no passado, e muitas possibilidades não estão mais realisticamente disponíveis. Thomas Keating, na entrevista citada anteriormente, também comentou judiciosamente esse assunto. Após reparar que a atração sexual é uma coisa na adolescência e outra bem diferente no início da idade adulta, ele continua: "Então, durante a crise da meia idade, todo um novo aspecto da nossa sexualidade emerge, que tem a ver com a tentação de retomar os relacionamentos inacabados da juventude ou o arrependimento de não ter experimentado certas coisas antes de se tornar celibatário. Como resultado, a tentação para que alguém abandone o comprometimento também é muito forte nessa época". O que então é necessário, ele sugere, é a prontidão para encarar a questão de se, e em que grau, a energia sexual foi "transmutada e transformada pela disciplina, serviço ao próximo e devoção a Deus, para que nesses momentos em que a atração da satisfação sexual é muito forte, tenhamos força interna suficiente para resisti-la"[158].

Não há como julgar quanto desse tipo de transformação teria sido possível para Merton. Ele foi muito duro consigo mesmo nesse aspecto, escrevendo na primavera de 1967: "Estou humilhado e confuso pela minha fraqueza, minha vulnerabilidade, minha paixão. Após todos esses anos, tão pouco juízo e tão pouca disciplina. Mesmo assim, sei que, em algum lugar, houve algo de bom nisso" (203). Em vez de tentar julgá-lo, nós (e celibatários em particular) podemos gratamente aprender, de sua louvável franqueza, algo sobre a vulnerabilidade que reside em cada um de nós. Cientes disso, podemos ganhar mais alguma confiança de que de fato é possível para nós amarmos os próximos – inclusive os sexualmente atraentes – bem e com sabedoria.

Notas

1. MERTON, T. *Reflexões de um espectador culpado.* Petrópolis: Vozes, 1970, p. 181.

2. LÓPEZ, M.L.L. *Thomas Merton:* uma vida com horizontes. Aparecida: Santuário, 2010. p. 59.

3. MERTON, T. *A montanha dos sete patamares.* Petrópolis: Vozes, 2005, p. 20-21.

4. Ibid., p. 81.

5. Ibid., p. 87.

6. Ibid., p. 95.

7. Ibid., p. 101.

8. Ibid., p. 102.

9. Ibid., p. 110-111.

10. Ibid., p. 117.

11. Ibid., p. 138 e 173.

12. Ibid., p. 202-204.

13. Ibid., p. 264.

14. Ibid., p. 337-338.

15. HART, P. & MONTALDO, J. *Merton na intimidade:* sua vida em seus diários. Rio de Janeiro: Fisus, 2001, p. 269. Um livro que reúne memórias em forma de diário, compostas por passagens selecionadas de seu diário (uma obra de 7 volumes). Traduzido por Leonardo Fróes (monge trapista).

16. MERTON, T. *O diário da Ásia.* Belo Horizonte: Vega, 1978, p. XXVIII.

17. MERTON, T. *A montanha dos sete patamares,* p. 187.

18. Ibid., p. 196.

19. Ibid., p. 200-201.

20. Ibid., p. 210.

21. Ibid., p. 211.

22. Ibid., p. 229.

23. Ibid., p. 240.

24. Ibid., p. 269.

25. Ibid., p. 270.

26. Ibid., p. 272.

27. Título original: *The secular journal of Thomas Merton,* 1959.

28. MERTON, T. *A montanha dos sete patamares,* p. 281.

29. Cf. Vida monástica no seguimento de Cristo segundo as regras de São Bento, fundada em 1098. No século XI, com a abertura de um mosteiro em Cister (Borganha, França), passaram a se chamar cistercienses. A partir do século XII ocorreu um afastamento dos ideais das origens, e foi iniciada a reforma. O abade francês Dom Jean Armand realiza em sua comunidade de La Trappe um programa de reforma, enfatizando a separação com o mundo, passando em seguida a novas fundações com a forma de vida La Trappe, constituindo-se juridicamente uma nova ordem cisterciense da estrita observância (Trapistas) [Disponível em http://www.mosteirotrapista.org.br/história.htm].

30. MERTON, T. *A montanha dos sete patamares,* p. 287.

31. Ibid., p. 290.

32. Ibid.

33. Ibid., p. 291.

34. Ibid., p. 291-300.

35. LÓPEZ, M.LL. *Thomas Merton*: uma vida com horizontes. Aparecida: Santuário, 2010, p. 119-132.

36. MERTON, T. *A montanha dos sete patamares*, p. 307.

37. Ibid., p. 313.

38. SOUZA, M.E.S. *Thomas Merton*: um homem feliz. Petrópolis: Vozes, 2003. p. 31-32.

39. MERTON, T. *A montanha dos sete patamares*, p. 336.

40. Ibid., p. 337.

41. MERTON, T. *Homem algum é uma ilha.* Campinas: Verus, 2003. p. 120.

42. Ibid., p. 126.

43. Ibid., p. 194.

44. Ibid., p. 110.

45. MERTON, T. *A montanha dos sete patamares*, p. 379.

46. MERTON, T. *O signo de Jonas.* São Paulo: Mérito, 1954. p. 209.

47. Ibid., p. 46.

48. Ibid.

49. MERTON, T. *Novas sementes de contemplação.* Rio de Janeiro: Fissus, 2001, p. 26.

50. Ibid., p. 25.

51. Cf. HART, P. & MONTALDO, J. *Merton na intimidade*: sua vida em seus diários. Rio de Janeiro: Fissus, 2001. p. 214.

52. Ibid., p. 213.

53. Ibid., p. 214.

54. Ibid., p. 17-18.

55. MERTON, T. *O diário da Ásia,* p. 245.

56. Ibid., p. 267.

57. Daisetsu Teitaro Suzuki foi um famoso autor japonês de livros sobre o budismo, o Zen e Jodo Shinshua. Ele foi o responsável, em grande parte, pela introdução dessas filosofias no Ocidente. Suzuki também foi um prolífico tradutor de literatura chinesa, japonesa e sânscrita.

58. MERTON, T. *O diário da Ásia,* p. XXV.

59. MERTON, T. *Reflexões de um espectador culpado.* Petrópolis: Vozes, 1970, p. 166.

60. MERTON, T. *Novas sementes da contemplação,* p. 82.

61. GARCIA RUBIO, A. *Unidade na pluralidade:* o ser humano à luz da fé e da reflexão cristã. São Paulo: Paulus, 2001, p. 452-454.

62. HART, P. & MONTALDO, J. *Merton na intimidade,* p. 351.

63. Ibid., p. 315.

64. Ibid., p. 336.

65. MERTON, T. *A montanha dos sete patamares,* p. 348.

66. MERTON, T. *O signo de Jonas,* p. 364.

67. Ibid., p. 64.

68. Ibid., p. 35.

69. Ibid., p. 377.

70. Ibid., p. 376.

71. Ibid., p. 376-377.

72. MERTON, T. *Reflexões de um espectador culpado*, p. 181.

73. Ibid., p. 183.

74. BERTELLI, G.A. *Mística e compaixão:* a teologia do seguimento de Jesus em Thomas Merton. São Paulo: Paulinas, 2008, p. 46.

75. MERTON, T. *Reflexões de um espectador culpado*, p. 182.

76. MERTON, T. *O signo de Jonas,* p. 282.

77. SOUZA, M.E.S. *Thomas Merton*: um homem feliz. Petrópolis: Vozes, 2003, p. 36-37.

78. HART, P. & MONTALDO, J. *Merton na intimidade,* p. 293.

79. MERTON, T. *Novas sementes de contemplação,* p. 40.

80. HART, P. & MONTALDO, J. *Merton na intimidade,* p. 246.

81. MERTON, T. *Na liberdade da solidão.* Petrópolis: Vozes, 2001, p. 20.

82. MERTON, T. *Incursiones en lo indecible.* Santander: Sal Terrae, 2004, p. 25 e 31.

83. MERTON, T. La experiencia interna – Notas sobre la contemplación. In: *Cistercium,* 212, 1998, p. 97.

84. Ibid.

85. MERTON, T. La experiencia interna, p. 166.

86. MERTON, T. *Vida y santidad.* Santander: Sal Terrae, 2006, p. 60-61.

87. MERTON, T. *A experiência interior*: notas sobre a contemplação. São Paulo: Martins Fontes, 2007, p. 160.

88. Ibid., p. 213.

89. Ibid., p. 168.

90. Ibid., p. 85.

91. HART, P. & MONTALDO, J. *Merton na intimidade*, p. 370.

92. Ibid., p. 382-383.

93. Ibid., p. 386.

94. MERTON, T. *Diário da Ásia,* p. XXVI.

95. Ibid., p. 254.

96. Ibid., p. 246.

97. Merton havia preparado um texto para essa palestra. No entanto, preferiu fazê-la informalmente. Cf. MERTON, T. *Diário da Ásia,* p. 243-249.

98. MERTON, T. *Diário da Ásia*, p. 242.

99. Ibid., p. 245-246.

100. Ibid., p. 246.

101. Theravada (Pali: *thera* "anciãos" + *vada* "palavra, doutrina"). A "Doutrina dos Anciãos" é o nome da escola de budismo que tem suas escrituras no Cânone em Pali ou Tipitaka, que os acadêmicos em geral aceitam como sendo o registro mais antigo dos ensinamentos do Buda.

102. HART, P. & MONTALDO, J. *Merton na intimidade*, p. 399.

103. MERTON, T. *Diário da Ásia,* p. 75.

104. Ibid., p. 267.

105. Ibid., p. 256-267: texto completo da conferência.

106. MERTON, T. *Na liberdade da solidão.* Petrópolis: Vozes, 2001. p. 58.

107. MERTON, T. *The Seven Storey Mountain.* Nova York: Harcourt Brace, 1948.

108. Ibid.

109. *Espiritualidade buscando teologia.* Nova York: Orbis Books/ Maryknoll, 2014.

110. MERTON, T. *Zen and the Birds of Appetite.* Nova York: New Directions, 1968. p. 22.

111. Ibid.

112. Ibid., p. 23-24.

113. Ibid.

114. MERTON, T. *New Seeds of Contemplation.* Nova York: New Directions, 1972. p. 156-157.

115. MITCHELL, D.W. *Buddhism*: Introducing the Buddhist Experience. Nova York/Oxford: Coletiva de imprensa da Universidade de Oxford, 2002, p. 19.

116. Ibid., p. 47.

117. Ibid., p. 201.

118. Ibid.

119. Ibid., p. 263.

120. Ibid., p. 164-165.

121. BOORSTEIN, S. A Message for Everyone. In: MITCHELL, D.W. *Buddhism*, p. 77 [grifos meus].

122. GHOSANANDA, M. The Human Family. In: MITCHELL, D.W. & WISEMAN, J.A. (eds.). *The Gethsemani Encounter*: A Dialogue on the Spiritual Life by Buddhist and Christian Monastics. Nova York: Continuum, 1998. p. 138.

123. NISHIMURA, E. *The Gethsemani Encounter*, p. 193.

124. MERTON, T. *The Hidden Ground of Love*: Letters on Religious Experience and Social Concerns. Nova York: Harcourt Brace Jovanovich, 1985. p. 561 [Ed. de William H. Shannon].

125. MERTON, T. & SUZUKI, D.T. The Man and His Work. In: *Zen and the Birds of Appetite*. Nova York: New Directions, 1968, p. 60-62.

126. MERTON, T. *Conjectures of a Guilty Bystander*. Nova York: Doubleday/Image, 1965/1968, p. 285.

127. KEENAN, J.P. The Limits of Thomas Merton's Understanding of Buddhism. In: THURSTON, B.B. (ed.). *Merton and Buddhism*: Wisdom, Emptiness, and Everyday Mind. Louisville: Fons Vitae, 2007, p. 121, 126.

128. MERTON, T. & SUZUKI, D.T. The Man and His Work, p. 61-62.

129. HABITO, R. Hearing the Cries of the World. In: THURSTON, B.B. (ed.). *Merton and Buddhism*: Wisdom, Emptiness, and Everyday Mind. Louisville: Fons Vitae, 2007, p. 115.

130. MERTON, T. A Christian Looks at Zen. In: *Zen and the Birds of Appetite*, p. 53.

131. Nova York: Grove, 1974.

132. MERTON, T. *The Asian Journal*. Nova York: New Directions, 1973/1975, p. 233-236 [Org. de Naomi Burton, Brother Patrick Hart e James Laughlin].

133. MERTON, T. *The Other Side of the Mountain:* The End of the Journey. In: HART, P. *The Journals of Thomas Merton*: 1967-1968. Vol. 7. São Francisco: Harper, 1998, p. 145 [registro do diário de 23/07/1968].

134. TWORKOV, H. The Jesus Lama: Thomas Merton in the Himalayas: An Interview with Harold Talbott. Apud: BROWN, J.S. The Liberty that Nobody Can Touch. In: *Merton and Buddhism...*, p. 66-67.

135. MERTON, T. *The Other Side of the Mountain*, p. 239 [registro do diário em 02/11/1968].

136. Ibid., p. 251 [registro do diário em 04/11/1968].

137. BROWN, J.S. The Liberty that Nobody Can Touch. In: *Merton and Buddhism*, p. 71.

138. MERTON, T. *The Other Side of the Mountain*, p. 278 [registro do diário em 16/11/1968].

139. Ibid., p. 293 [registro do diário em 24/11/1968].

140. Ibid., p. 294.

141. Ibid., p. 323 [registro do diário em 04/12/1968].

142. Merton para Suzuki, 04/03/1965, apud LIPSEY, R. Merton, Suzuki, Pen, Ink. In: *Merton and Buddhism*, p. 143-145.

143. LIPSEY, R. Merton, Suzuki, Pen, Ink. In: *Merton and Buddhism*, p. 157.

144. Merton para Margaret Randall, 09/10/1963, apud LIPSEY, R. Merton, Suzuki, Pen, Ink. In: *Merton and Buddhism*, p. 160.

145. LIPSEY, R. Merton, Suzuki, Pen, Ink. In: *Merton and Buddhism*, p. 162.

146. MERTON, T. *Zen and the Birds of Appetite*, p. 6.

147. THERA, N. *The Heart of Buddhist Meditation*: A Handbook of Mental Training Based on the Buddha's Way of Mindfulness. Nova York: Samuel Weiser, 1973, p. 39.

148. WISEMAN, J.A. Learning to Love and Learning the Price: Thomas Merton and the Challenge of Celibacy. In: *The Merton Annual*, 12, 1999, p. 85-102.

149. MERTON, T. *The Other Side of the Mountain*, p. 281 [registro do diário em 17/11/1968].

150. MERTON, T. *Spiritual Direction and Meditation*. Collegeville, MN: Liturgical Press, 1960.

151. A respeito desse ensaio sobre Merton, cf. PENNINGTON, B. The Spiritual Father: Father Louis' Theory and Practice. In: PENNINGTON, B. (ed.). *Toward an Integrated Humanity*: Thomas Merton's Journey. Kalamzoo: Cistercian, 1987.

152. PENNINGTON, B. *Thomas Merton*: Brother Monk, p. 124.

153. FUNK, M.M. *Thoughts Matter*: The Practice of Spiritual Life. Nova York: Continuum, 1998.

154. BERSCHEID, E. Some Comments on Love's Anatomy: Or, Whatever Happened to Old-fashioned Lust? In: *The Psychology of Love*, p. 372-373.

155. KEATING, T. The Heart of the Matter: A Dialogue between Father Thomas Keating and Andrew Cohen. In: *What Is Enlightenment?*, n. 13, spring/summer 1998, p. 97.

156. HUME, B. *Searching for God.* Londres: Hodder and Stoughton, 1977, p. 53.

157. GELLER, J.D. HOWENSTINE, R.A. Adulthood: Men. In: *On Love and Loving*, p. 84.

158. KEATING, T. The Heart of the Matter, p. 97.

A Igreja e o mundo sem Deus

Thomas Merton

Nesta obra Thomas Merton nos presenteia com uma análise clara e objetiva sobre a Constituição Pastoral *Gaudium et Spes*, do Concílio Vaticano II, que trata sobre a Igreja no mundo de hoje.

Publicado originalmente no mesmo ano da Constituição, e no Brasil em 1970 pela Editora Vozes, *A Igreja e o mundo sem Deus* mostra, baseado nas reflexões do autor, como o cristianismo passou a uma nova fase em seu relacionamento com o mundo e o homem moderno, e com as implicações práticas que isso acarretou.

"A Igreja não pode, separada do mundo, querer dirigi-lo. Ela só pode ser ouvida pelo mundo se participa, como igual para igual, dos problemas comuns aos outros homens."

Thomas Merton

Thomas Merton nasceu em 31 de janeiro de 1915 em Prades, no sul da França. Estudou e viveu, além da França, na Inglaterra e nos Estados Unidos. Falava fluentemente francês, inglês e italiano além de ter bons conhecimentos em espanhol e nas línguas clássicas (latim e grego). Seu itinerário espiritual passou por Joyce, Maritain e Gilson. Tendo descoberto o Evangelho, converteu-se ao catolicismo em 1938, ingressando, em 10 de dezembro de 1941, na comunidade monástica da Abadia de Nossa Senhora de Getsêmani, da Ordem Cisterciense de Estrita Observância (Trapistas), no estado americano de Kentucky, onde recebeu o sacerdócio aos 34 anos. Sua obra, composta de mais de 50 títulos, entre livros, diários, poemas e cartas, é marcada pela profundidade de um religioso contemplativo. Morreu num acidente elétrico em Bangcoc, na Tailândia, durante um encontro com líderes religiosos, em 10 de dezembro de 1968.